REVOLUÇÃO DA

CONFEITARIA

ADMINISTRAÇÃO REGIONAL DO SENAC NO ESTADO DE SÃO PAULO
Presidente do Conselho Regional: Abram Szajman
Diretor do Departamento Regional: Luiz Francisco de A. Salgado
Superintendente Universitário e de Desenvolvimento: Luiz Carlos Dourado

Editora Senac São Paulo
Conselho Editorial: Luiz Francisco de A. Salgado
Luiz Carlos Dourado
Darcio Sayad Maia
Lucila Mara Sbrana Sciotti
Luís Américo Tousi Botelho

Gerente/Publisher: Luís Américo Tousi Botelho
Coordenação Editorial: Verônica Marques Pirani
Prospecção: Andreza Fernandes dos Passos de Paula
Dolores Crisci Manzano
Paloma Marques Santos
Administrativo: Marina P. Alves
Comercial: Aldair Novais Pereira
Comunicação e Eventos: Tania Mayumi Doyama Natal

Edição e Preparação de Texto: Ana Luiza Candido
Tradução: Heci Regina Candiani
Revisão Técnica: Juliana Andreazi
Coordenação de Revisão de Texto: Marcelo Nardeli
Revisão de Texto: Meggie C. Monauar
Coordenação de Arte: Antonio Carlos De Angelis
Editoração Eletrônica: Natália da Silva Nakashima
Imagens de capa: ©Nicolas Bouriette
Impressão e Acabamento: Maistype

Editora Senac São Paulo
Av. Engenheiro Eusébio Stevaux, 823 – Prédio Editora
Jurubatuba – CEP 04696-000 – São Paulo – SP
Tel. (11) 2187-4450
editora@sp.senac.br
https://www.editorasenacsp.com.br

Créditos da edição original:
Título original: *Révolution pâtisserie: la bible de la pâtisserie saine*
Direção editorial: Ronite Tubiana
Edição: Élise Bigot
Direção de projeto: Anne Serroy
Revisão: Sabine Kuentz
Fotografias: ©Nicolas Bourriette
Projeto gráfico e ilustrações: ©Coralie Chaffanjon
Produção: Louisa Hanifi-Morard, Julie Hautecourt, Marylou Deserson

Dados Internacionais de Catalogação na Publicação (CIP)
(Claudia Santos Costa – CRB 8ª/9050)

Le Pape, Johanna
Revolução da confeitaria : a bíblia dos doces saudáveis / Johanna Le Pape, [com] Mélanie Frechon ; tradução : Heci Regina Candiani – São Paulo : Editora Senac São Paulo, 2025.

Título original: Révolution Pâtisserie: La bible de la pâtisserie saine.
ISBN 978-85-396-5441-3 (impresso/2025)
e-ISBN 978-85-396-5442-0 (ePub/2025)

1. Confeitaria (Culinária). 2. Doces saudáveis. I. Frechon, Mélanie. II. Título.

25-2417c CDD – 641.86
613.2
BISAC CKB095000
CKB111000
CKB025000

Índice para catálogo sistemático:
1. Gastronomia : Confeitaria 641.86
2. Confeitaria : Culinária saudável : Doces saudáveis 641.86
3. Alimentação saudável : Receitas sem glúten : Receitas com baixo teor de açúcar 613.2

JOHANNA LE PAPE
Vencedora do Mundial de Confeitaria

Mélanie Frechon, nutricionista

REVOLUÇÃO DA CONFEITARIA

A BÍBLIA DOS DOCES SAUDÁVEIS

Alternativas com baixo índice glicêmico, sem glúten e de base vegetal

Tradução: Heci Regina Candiani

Editora Senac São Paulo – São Paulo – 2025

Sumário

INTRODUÇÃO

O mundo está diante de uma oportunidade de evolução e transformação. O momento que atravessamos nos obriga a recolocar em questão nossos comportamentos, nossos modos de trabalho e nossas formas de consumo.

Para acompanhar essa mudança, enquanto cada um de nós busca encontrar o próprio propósito, é essencial considerar também o propósito de nossas profissões.

O que você diria aos entusiastas e profissionais da confeitaria quanto a superar limites para aliar a confeitaria aos novos desafios da saúde, da sociedade e da preservação do meio ambiente? Para evoluir, é essencial ouvir, aprender e experimentar coisas novas constantemente, e ao mesmo tempo manter a curiosidade, não só nos informando, mas compartilhando nossas descobertas. Nada é mais poderoso do que trabalhar em uma direção que dá sentido às nossas ações.

E se usássemos nossa criatividade para servir a um propósito muito maior? A confeitaria saudável pode ser muito mais do que apenas uma tendência culinária.

Ela representa uma maneira de demonstrarmos engajamento com nosso próprio bem-estar e o do planeta. Ao optarmos por ingredientes naturais ligados às estações do ano, favorecendo métodos de produção sustentáveis e minimizando os resíduos, podemos oferecer doces prazeres que ajudarão a lidar com todas essas questões.

Este livro de culinária saudável é um convite à ação. Por meio de receitas inovadoras e equilibradas, quero inspirar chefs, amantes da confeitaria e todos aqueles que procuram comer de modo consciente.

Juntos, vamos explorar sabores, texturas e técnicas que nos permitirão criar sobremesas deliciosas e nutritivas enquanto cuidamos de nós mesmos e do mundo.

Um livro pensado por uma chef engajada

A confeitaria atraiu minha atenção muito cedo, por sua elegância e sabor, a responsável pela alegria dos dias de festa, apresentando-se de modo gracioso em buffets, ou ainda sob a forma de pequenos prazeres censuráveis.

Paris, a capital dessa arte tão francesa, tornou-se para mim o eldorado para a aquisição de todos os fundamentos dessa "confeitaria de alta-costura" que tanto me faz sonhar. Dediquei, então, meus primeiros anos a aprendê-la com os maiores chefs, até minha participação no Mundial de Confeitaria, no qual conquistei o título de campeã com meu parceiro Gaëtan.

Ávida por criar uma confeitaria mais pessoal, hoje eu questiono as práticas da profissão, procurando uma nova abordagem no momento em que cresce o sucesso do ofício nas redes sociais. Se a tendência é uma grande beleza, com glaçagens cada vez mais brilhantes, minha abordagem parte de uma perspectiva completamente diferente. Seria possível imaginar um doce saudável e igualmente delicioso? Que ingredientes entram nessas receitas inovadoras e mais nutritivas? É possível rever todas as receitas fundamentais, que levaram tantos anos para serem desenvolvidas por meus pares e por grandes profissionais da confeitaria? Tantas dúvidas me levaram a muitas leituras e a consultar um grande número de especialistas. Nutrição, naturopatia, medicina chinesa... Essas áreas ampliaram meu campo de análise e me permitiram abordar minha profissão de um ângulo diferente, associando a vertente da saúde às do paladar e da estética.

Cada um com a própria revolução!

Nos últimos anos, um movimento tomou forma. Tanto profissionais como amadores expressaram como compromissos:

> a escolha de produtores locais selecionados a dedo, como fazem Maxime Frédéric, no Cheval Blanc Paris; Claire Heitlzer, em sua loja em Levallois-Perret; ou ainda Jessica Préalpato, no Plaza Athénée;

> a fabricação de farinhas, como no Bristol, por iniciativa do chef Julien Alvarez;

> a volta às origens da semente de cacau, promovida pelo movimento "Bean to bar", ou por Nicolas Bergé, torrefador de cacau e mestre chocolateiro;

> a criação de doces de baixo índice glicêmico, como nas lojas Les Belles Envies, de Alixe Bornon, e Oh oui!, de Delphine Cousseau;

> a criação de doces de base vegetal, como na escola de Linda Vongdara.

Sem glúten, crua e à base de vegetais, a confeitaria é para todos os gostos. Se o surgimento desses novos doces se tornou possível, em parte, é graças também ao interesse dos consumidores por uma dieta que corresponda a suas necessidades. Sem julgamentos, trata-se, acima de tudo, de uma confeitaria plural, diversificada, na qual cada um encontra seu lugar. A confeitaria vem ganhando espaço entre as grandes marcas tradicionais. E que alegria poder descobrir, ao sabor do próprio desejo, a assinatura desses renomados chefs, com suas histórias e valores para compartilhar.

Um livro para *sua* revolução

Este livro é o resultado de oito anos de trabalho e pesquisa. Listando mais de 250 ingredientes, apresento um guia para utilizá-los em receitas ousadas, gourmet e balanceadas, sejam elas sem glúten, de baixo índice glicêmico ou veganas.

Ao longo do livro, você descobrirá, por exemplo, mais de 30 tipos de farinha com características distintas, uma seleção de açúcares e xaropes de baixo índice glicêmico, feitos de folhas ou batatas yacon moídas, e ainda uma lista de óleos essenciais que podem ser usados na confeitaria. Todas essas experiências sensoriais, o trabalho com as texturas e o equilíbrio cumprem um objetivo que me é caro: tornar a confeitaria mais saudável. Foi assim que nasceu a confeitaria do bem-estar, como a chamo. Ela se baseia em cinco pilares fundamentais.

Os 5 pilares da confeitaria saudável e engajada

Diversificar

usando uma ampla variedade de ingredientes, inclusive farinhas, açúcares, vegetais, sementes ou mesmo óleos essenciais.

Equilibrar

os açúcares, combinando-os com fibras, para obter um baixo índice glicêmico.

Buscar

matérias-primas de qualidade, originárias de produtores com consciência ambiental.

Inovar

continuamente, testando novos ingredientes e delicados métodos de processamento, com o objetivo de preservar as características nutricionais da receita.

Reciclar

reaproveitando as sobras para produzir novas matérias-primas.

A todos os amantes da confeitaria, proponho ter este DESEJO como horizonte: e se ousássemos nos superar e imaginar um novo futuro? Você faz sua própria revolução!

Famílias de ingredientes

CAPÍTULO 1

Farinhas

INTRODUÇÃO
A SAGA DAS FARINHAS

Sabemos que a farinha é um ingrediente inevitável na culinária, em especial na confeitaria e na panificação.

No entanto, ela não é nenhuma novidade! Esse pó vegetal já era empregado pelos egípcios há mais de 5 mil anos. Com um moedor e um pilão, eles se empenhavam em moer os grãos de trigo-branco ou centeio para fazer pão.

Os métodos de produção evoluíram, e hoje os cereais são diversificados. Ainda que a farinha de trigo seja a mais consumida na Europa e que a farinha de milho seja popular na América do Sul, bem como a farinha de arroz na Ásia, a família das farinhas foi gradualmente enriquecida com variantes à base de painço, espelta, grão-de-bico, lentilha, trigo-sarraceno e até mesmo tremoço. E agora, mais do que nunca, a farinha se apresenta de inúmeras formas: é encontrada sem glúten, com baixo índice glicêmico, rica em fibras, oriunda de sementes, frutas ou tubérculos. Cada variedade tem propriedades específicas – sabor, propriedades técnicas e/ou valores nutricionais.

Neste capítulo, você vai descobrir as diversas opções de farinha existentes e suas características, o que vai ajudar você a utilizá-las da melhor maneira, otimizando o modo de incorporá-las em suas receitas e de variá-las no dia a dia. Não vamos nos esquecer, o corpo é como a natureza: ele adora a biodiversidade!

COMO AS FARINHAS FUNCIONAM?

O QUE É O GLÚTEN?

O glúten (de *glu*, que significa "cola", em latim) não é uma proteína, mas uma liga de diferentes proteínas. Ele, propriamente dito, não está presente nos cereais, ao contrário das proteínas! O glúten é uma massa viscoelástica composta de proteínas associadas por um elemento aquoso. Para se formar, ele precisa que duas proteínas insolúveis, como a gliadina e a glutenina, presentes no trigo, entrem em contato com a água por meio de um processo de amassamento ou sova.

A farinha de trigo

A LONGA HISTÓRIA DA FARINHA DE TRIGO

No decorrer dos séculos, a produção de farinhas de trigo evoluiu muito, com o aprimoramento de seu rendimento e de suas características físico-químicas.

No fim da Segunda Guerra Mundial, em particular, quando o objetivo era alimentar as populações que tinham vivenciado a escassez e a fome, houve um desenvolvimento da produção "industrial", porque os volumes tinham de ser significativos para atender à demanda.

DOS TRIGOS SELVAGENS AOS TRIGOS MODERNOS

Desde o início do cultivo de trigo, o ser humano não parou de estudá-lo a fim de compreender qual variedade oferecia o melhor rendimento. Na década de 1960, com o objetivo de produzir cada vez mais, acelerou-se a técnica de hibridização (cruzamento de várias espécies). Estabeleceu-se, assim, uma classificação das variedades de acordo com o número de cromossomos presentes nos trigos. Certos cruzamentos permitiram aumentar esse número de 14 para mais de 42.

Essas hibridizações impactam a proporção de glúten no grão e também a natureza das proteínas, que são alteradas, possibilitando atingir uma "força de assamento"[1] mais favorável à produção de pães.

Trigo antigo > força de assamento = 90, a massa é macia e pouco viscosa.

Trigo moderno > força de assamento = 202, a massa se deforma pouco, tem alta resistência, é fácil de trabalhar e o resultado é mais estético.

NOVOS PRODUTOS NO CAMPO

Nessa corrida pela produtividade, adquiriu-se também o costume de pulverizar as plantações de cereais com pesticidas. Essa prática tem como consequência a adição de partículas químicas (insumos) no grão e, portanto, na farinha produzida.

EVOLUÇÃO DA TRANSFORMAÇÃO

DO MOINHO...

Antes da era da industrialização, a única maneira de produzir farinha era por meio da moagem em moinhos de pedra. Essa técnica permitia triturar suavemente o grão como um todo, mantendo uma parte do gérmen e do farelo na farinha. Nesse processo, o grão não era nem aquecido nem oxidado, o que favorecia a manutenção de suas características nutricionais na farinha. Foi no moinho, no final da produção, que se passou a acrescentar aditivos para aprimorar a qualidade ou o processo de conservação da farinha.

... À FÁBRICA

Com as modernas técnicas de produção (utilização de cilindros), o rendimento disparou, mas a qualidade da farinha foi prejudicada, porque o trigo havia sido desprovido de farelo e gérmen, justamente os dois componentes que apresentam benefícios nutricionais. Durante esse processo, o grão é aquecido, o que aumenta sua oxidação e o faz perder elementos nutritivos.

[1] A força de assamento de uma variedade de trigo corresponde à taxa de elasticidade e expansibilidade ("viscoelasticidade") da massa que ela produzirá.

SAIBA+

Se optarmos pela farinha integral ou semi-integral de cultivo orgânico e processada em moedor de pedra sem aditivos, podemos digeri-la com mais facilidade, pois não há risco de intolerância. Daí a importância de escolher muito bem o produtor e a marca da farinha – e também a padaria.

Trigo
Aveia
Einkorn
Espelta ou trigo-vermelho
Centeio
Coco
Cânhamo
Fonio

Amaranto
Amendoim
Amêndoa
Banana verde
Alfarroba
Lentilha verde
Vagem de cacau
Kamut
Linhaça

Milho
Tremoço
Cevada descascada
Batata-doce
Painço marrom
Castanha
Soja
Junça
Trigo-sarraceno

Semente de uva
Grão-de-bico
Quinoa
Arroz
Teff branco
Fécula de araruta
Fécula de tapioca
Amido de arroz
Amido de milho
Fécula de batata

Alternativas à farinha de trigo

Legenda

Procedência	Cor	Nota aromática	Absorção	Glúten	IG (cru)

FARINHA DE AMÊNDOA, PURA LEVEZA

Procedência	Cor	Nota aromática	Absorção	Glúten	IG (cru)
Fruto de casca dura		Leve nota de amêndoa, doce	+	⊗	20

Origem > É produzida a partir de amêndoas secas, moídas e prensadas a frio para a extração da gordura; o extrato resultante é colocado para secar e depois finamente triturado.

Aportes nutricionais > A vantagem dessa farinha é o fato de ser obtida a partir de amêndoas brutas, cuja pele apresenta características nutricionais importantes. Comparada à amêndoa em pó, a farinha tem muito pouca gordura. É conhecida por ser rica em aminoácidos essenciais e fibras (12 g/100 g). Com baixo teor de carboidratos, tem um IG baixo, em torno de 20. É rica em antioxidantes, cálcio e magnésio.

Utilização > Apresenta um sabor equilibrado e doce. É mais fina do que a amêndoa em pó e sua cor é branca. Agrega uma textura macia às massas em geral.

FARINHA DE AMARANTO, A MAIS COMPLETA

Procedência	Cor	Nota aromática	Absorção	Glúten	IG (cru)
Cereal		Terroso, beterraba	+	⊗	40

Origem > A farinha é obtida após a trituração de grãos de amaranto (apelidado de "grão dos incas"), planta originária da América do Sul semelhante à quinoa. Existem cerca de cem variedades da planta, algumas são usadas por suas folhas e outras por seus grãos.

Aportes nutricionais > É rica em proteínas graças a seus nove aminoácidos essenciais (incluindo lisina, rara em cereais). Contém fibras, ferro, magnésio, antioxidantes e também ácido fólico (B9), vitamina essencial ao bom desenvolvimento do sistema nervoso em fetos.

Utilização > Proporciona uma textura viscosa e até colante. É importante misturá-la com outra variedade de farinha, como farinha de arroz ou de milho, para obter massas mais macias ou mais amanteigadas e bem quebradiças. Seu sabor de notas terrosas é pronunciado e sua cor é clara.

FARINHA DE AVEIA, UMA FARINHA DE ESTIRPE

Procedência	Cor	Nota aromática	Absorção	Glúten	IG (cru)
Cereal		Neutro	+++	✓	40

Origem > Proveniente da moagem dos grãos de aveia, uma pequena quantidade de glúten permanece nessa farinha, em proporção reduzida ou mesmo inexistente, dependendo da variedade. A proteína da aveia é chamada avenina, e a estrutura do grão difere muito da do trigo. É encontrada na forma de farinha semi-integral e integral.

Aportes nutricionais > Muito rica em carboidratos, mais precisamente em amido (68%), constitui um bom reservatório de energia. Fonte de proteína, contém oito dos nove aminoácidos essenciais, sendo a lisina o único ausente. Por muito tempo reservada aos animais, a farinha de aveia é muito popular hoje, especialmente entre atletas, por fornecer carboidratos e apresentar, ao mesmo tempo, baixo IG.

Utilização > Por ser bastante fina, essa farinha pode ser facilmente misturada a uma preparação. Tem sabor neutro e pode substituir a farinha de trigo em bolos e massas em geral.

FARINHA DE AMENDOIM, ÔMEGAS E VITAMINAS: A DUPLA VENCEDORA

Fruto de casca dura		Amendoim torrado	++		15

Origem > O amendoim, grão de uma leguminosa, é descascado e depois prensado a frio para a eliminação da gordura. O extrato bruto resultante é colocado para secar e triturado. Essa farinha, muito utilizada na América do Norte e na África, foi introduzida na Europa recentemente.

Aportes nutricionais > Com baixo IG (15), é uma das farinhas mais ricas em proteínas (45 g/100 g) e fornece todos os 20 aminoácidos. Embora a gordura do grão seja extraída, a farinha de amendoim ainda contém 15% de ácidos graxos e uma quantidade significativa de ácido oleico (ômega-9).

Utilização > É apreciada por seu sabor pronunciado de amendoim e por sua cor caramelo. Nas preparações, o ideal é misturá-la com outra farinha, como a de milho ou de arroz, para obter uma massa macia, pois a farinha de amendoim sozinha resulta em uma textura densa ou muito quebradiça.

FARINHA DE BANANA VERDE, A ALIADA DOS DIABÉTICOS

Fruto		Amargo, banana verde	++++		15

Origem > Utilizada há séculos em alguns países africanos, essa farinha é feita com a banana ainda verde. Nesse estágio, a polpa é mais firme, menos doce e mais rica em amido do que a da banana madura. A fruta é descascada, seca e, em seguida, triturada em pó fino.

Aportes nutricionais > Durante a desidratação, a concentração de nutrientes, como potássio e magnésio, aumenta. Muito rica em carboidratos, principalmente amido, essa farinha também contém uma porção significativa de fibras (8 g/100 g). Por fim, seu IG é baixo, o que a torna uma alternativa aliada dos diabéticos.

Utilização > Com uma coloração que vai do bege ao cinza, tem sabor leve, um pouco amargo e com leves notas de banana, mas não adocicada. Traz maciez a massas e também ajuda a aglutinar e engrossar cremes. O alto teor de amido a torna uma farinha densa, com alta capacidade de absorção.

DICA

Cuidado: como a banana é processada, é preciso se certificar de que a farinha vem apenas da fruta, sem adição da casca.

Valores da farinha de trigo T55 (disponível na França)

FARINHA DE TRIGO, A INDISPENSÁVEL!

Cereal | Neutro | Valor de referência | 75

Origem > Poderíamos ter intitulado este tópico como "Farinhas de trigo", já que são muitas as suas variedades. Todas elas são obtidas da trituração dos grãos de trigo; os macios, exclusivamente – o trigo duro se destina à fabricação de massas secas, sêmola ou mesmo triguilho. Frequentemente criticada, principalmente por seu teor de glúten, essa farinha tem a vantagem de ser panificável[2]. Existem muitos tipos de farinha de trigo, classificadas desde as mais refinadas até as mais integrais. Na França, as farinhas de trigo são categorizadas em: T45, T55, T65, T80, T110, T150 e T180. Quanto maior o número, mais integral, mais escura e mais rica em fibras, vitaminas e minerais é a farinha. Desde a década de 1960, o trigo vem passando por uma grande mudança devido a diversas hibridizações. A mudança em sua estrutura orgânica original e o alto consumo diário é responsável por uma crescente intolerância.

Aportes nutricionais > Os inibidores de enzimas digestivas presentes na farinha crua são destruídos durante o cozimento. A farinha de trigo é rica em carboidratos, sendo uma boa fonte de energia devido à alta concentração de amido. Embora contenha aminoácidos essenciais, seu teor de proteína é relativamente baixo.

Utilização > A farinha de trigo é a mais utilizada na confeitaria. E por um bom motivo: ela serve para tudo, do pão ao brioche, da massa sucrée a bolos simples. Misturada a certa quantidade adequada de água, ela desenvolve sua "força de assamento" (elasticidade e extensibilidade). Quando adicionada a uma levedura ou um a fermento para panificação, os gases formados na fermentação produzem uma textura alveolada durante o cozimento.

SAIBA+

A força de assamento é a relação entre elasticidade (capacidade de esticar e voltar ao estado inicial) e expansibilidade (capacidade de expandir o máximo possível sem romper).

FARINHA DE VAGEM DE CACAU, A NOVATA!

Vagem de cacau (fruta) | Amargo, azedo | ++

Origem > Provém da trituração das vagens do cacau. É um produto novo no mercado. Historicamente, a vagem era deixada ao pé das plantações, como forragem em jardins, ou incorporada à alimentação de suínos. Atualmente, a tendência é a reutilização: a criação de novas matérias-primas a partir de "resíduos", o que funciona muito bem com as vagens de cacau!

Aportes nutricionais > Essa farinha é muito rica em fibras e oligoelementos como potássio, magnésio, cálcio ou mesmo fósforo.

Utilização > De cor escura, tem sabor forte e amargo. Pode ser introduzida na composição do pão para trazer elasticidade e maciez à massa, resultando em um miolo aerado após o cozimento. O ideal é misturá-la com 50% de farinha de trigo semi-integral para obter sabor e textura ideais.

FARINHA DE ALFARROBA, UM CONCENTRADO DE BENEFÍCIOS

Fruto | Adocicado com notas de caramelo | ++ | 15

Origem > A farinha de alfarroba provém do fruto da alfarrobeira, que se apresenta como uma vagem longa, que muda do verde para o castanho quando está madura.

[2] Graças a seu teor de glúten, permite a produção de pães e, em termos mais gerais, de massas fermentadas.

Os grãos são extraídos para fazer goma de alfarroba, mas são a casca e a polpa do fruto que se transformarão em farinha, depois de secas e trituradas. Essa farinha é frequentemente apontada como superalimento devido à sua riqueza nutricional.

Aportes nutricionais > É um dos alimentos mais ricos em fibras, que são 40% de sua composição – um parceiro ideal do trânsito intestinal. Seu alto teor de vitaminas A, E, B2 e D2 completa a lista de benefícios. O baixo IG (15) também é uma vantagem.

Utilização > Tem alta capacidade de absorção, o que permite engrossar rapidamente massas e cremes. Graças às suas notas levemente adocicadas de chocolate, pode substituir esse ingrediente em uma bebida ou um bolo, por exemplo.

FARINHA DE CÂNHAMO, A MAIS FÁCIL DE DIGERIR

Planta | Avelã e ervas | +++ | 45

Origem > Não se preocupe, embora esse alimento venha de uma planta que faz parte da família da *Cannabis*, seu nível de THC é muito fraco, portanto, desprovido de qualquer efeito psicotrópico. A farinha é feita das sementes do cânhamo, que são inicialmente prensadas para a extração do óleo e depois secas e trituradas.

Aportes nutricionais > Essa farinha é particularmente rica em proteínas completas, contendo os nove aminoácidos essenciais. As fibras representam 25% de sua composição, o que torna muito fáceis sua digestão e assimilação. Também é rica em ômega-3 e 6, potássio e fósforo. Isso a torna um superalimento.

Utilização > De cor verde-escura, a farinha de cânhamo apresenta sabor herbáceo e deve ser utilizada em pequenas quantidades nas receitas, devido a seus aromas potentes.

FARINHA DE CASTANHA, CHEIA DE ENERGIA

Fruto | Castanha adocicada | ++ | 65

Origem > Depois de descascadas, as castanhas são secas e trituradas. Atualmente, dezenas de variedades de castanhas fazem parte da composição de farinhas.

Aportes nutricionais > É uma farinha sem glúten, rica em fibras e muito rica em carboidratos de IG médio. Um trio vencedor que faz dela uma farinha altamente energética.

Utilização > Sua cor é creme e seu sabor é potente e levemente adocicado. Ela confere uma textura densa para preparações salgadas ou doces. Muitas vezes é misturada com farinha de arroz.

FARINHA DE COCO, SABOR NATURALMENTE DOCE

Fruto | Doce, coco | ++++ | 35

Origem > É feita da polpa de coco seca, prensada a frio para a extração do óleo. O extrato bruto é seco e depois triturado até a obtenção da farinha.

Aportes nutricionais > É rica em fibras e em proteínas que contêm os nove aminoácidos essenciais. Ao mesmo tempo, é pobre em carboidratos e tem baixo IG, o que faz dela um trunfo para pessoas com diabetes.

Utilização > Por seu sabor levemente adocicado com sutis notas de coco, a gulodice fica por sua conta! Sem glúten, não apresenta propriedades elásticas, mas tem elevada capacidade de absorção. Resultado: pode facilmente engrossar uma bebida ou um creme, ou mesmo ser adicionada em pequenas quantidades a um bolo.

SAIBA+

Para pessoas com sensibilidade ao glúten, é uma excelente alternativa à farinha de trigo ou à de espelta.

FARINHA DE EINKORN, A MAIS ANTIGA

Cereal | Cereal acentuado | + | 40

Origem > Comparado às vezes com a espelta ou trigo-vermelho, o einkorn pertence à família do trigo e é um dos cereais mais antigos cultivados pelo ser humano. Seu histórico não faz menção a qualquer modificação genética, pois não passou por nenhum cruzamento. Antes de ser transformado em farinha, o einkorn é descascado e depois triturado.

Aportes nutricionais > Essa farinha contém 7% de glúten, enquanto o trigo contém 12%. É muito rica nutricionalmente, com teores mais altos de cálcio, fósforo e zinco. A cereja do bolo: tem os nove aminoácidos essenciais.

Utilização > Sua cor é levemente dourada e seu sabor sutilmente torrado. Panificável, permite a produção de pão com um miolo bem denso.

FARINHA DE ESPELTA OU TRIGO-VERMELHO, VERSATILIDADE TOTAL

Cereal | Neutro | + | 45

Origem > Esse é um cereal da família do trigo mole. Apelidado de "trigo dos gauleses", é uma das culturas de cereais mais antigas do mundo. Por muito tempo esquecido, agora é bastante popular entre os consumidores devido à sua composição nutricional, mais rica que a do trigo comum. Ao contrário do einkorn, foi cruzado com o trigo para aumentar seu rendimento.

Aportes nutricionais > Essa farinha é rica em carboidratos e proteínas (19%, contra os 12% do trigo), fósforo e potássio. Também possui os nove aminoácidos essenciais.

Utilização > Panificável graças à sua grande quantidade de proteínas, apresenta propriedades semelhantes às do trigo e, portanto, pode facilmente substituí-lo.

FARINHA DE FONIO, A MAIS FUTURISTA

Cereal | Levemente pungente | ++++ | 55

Origem > Essa farinha é feita a partir de um cereal tradicional originário da África chamado fonio. É uma planta com sementes muito pequenas (que, depois de descascadas, são moídas para produzir a farinha). Muito saborosa, a farinha é usada em refeições festivas. Em 2019, o World Wide Fund For Nature (WWF) a elegeu um dos 50 alimentos do futuro, amigo do bem-estar e do planeta.

Aportes nutricionais > Sem glúten, é uma excelente fonte de proteínas e carboidratos (amido). Além disso, proporciona uma infinidade de benefícios nutricionais: é rica em vitamina B, cálcio e zinco e apresenta IG médio.

Utilização > De cor marrom-clara, tem sabor amadeirado e uma capacidade de absorção muito significativa.

FARINHA DE JACA, UM TESOURO ASIÁTICO

Fruta	Ácido, fermentado, doce	++++	35

Origem > Essa farinha é feita a partir da jaca, nativa da Índia e amplamente cultivada no Sudeste Asiático. Suas sementes frescas são secas e trituradas até virarem pó.

Aportes nutricionais > É uma excelente fonte de proteínas, fibras e carboidratos. Suas vantagens: baixo IG e grande quantidade de antioxidantes.

Utilização > De cor marrom, essa farinha tem sabor ácido e amadeirado. Devido a seu poder aromático, pode ser facilmente combinada com outra farinha mais neutra, como a farinha de arroz.

FARINHA DE KAMUT, UMA NOTA DE DOÇURA

Cereal	Adocicado, levemente torrado	+	45

Origem > Essa farinha é produzida a partir do kamut, também chamado de trigo khorasan, cereal integrante da família do trigo duro e que não sofreu nenhuma hibridização.

Aportes nutricionais > É muito rica em carboidratos, proteínas e fibras, além de apresentar uma significativa concentração de magnésio, zinco e potássio. Como todas as farinhas da família do trigo que não sofreram hibridização, é mais fácil de ser digerida do que a farinha de trigo.

Utilização > Seu sabor adocicado é semelhante ao da manteiga de avelã. Ainda que seu teor de glúten seja menor do que o do trigo, produz texturas mais densas. Na fabricação de pão, agrega muita elasticidade à massa.

FARINHA DE LENTILHA VERDE, UMA SAÚDE DE FERRO

Leguminosa	Herbáceo	+	30

Origem > As lentilhas fazem parte da categoria das leguminosas. Os grãos são moídos até a obtenção da farinha. Embora o cultivo e o consumo de lentilhas aconteçam há mais de 10 mil anos, o uso na forma de farinha é recente na Europa e na América. Na Índia, por exemplo, sua utilização é muito mais ampla no domínio da culinária, sendo utilizada em muitas iguarias. Vale observar que é possível obter farinha de lentilha coral, amarela, marrom ou preta.

Aportes nutricionais > As farinhas de leguminosas têm a vantagem de conter alto teor de proteínas, carboidratos e fibras. Além disso, a lentilha é a leguminosa mais rica em ferro.

Utilização > De cor verde, é usada para dar liga a molhos e integra a fabricação de pães e bolos, combinada com outras farinhas. Agrega um sabor adocicado, com notas levemente herbáceas.

FARINHA DE LINHAÇA, JOGO DUPLO

Planta | Amêndoa, noz | +++ | 40

Origem > Essa farinha é produzida a partir das sementes de linhaça, que é uma planta gramínea. Elas são trituradas para a obtenção do pó.

Aportes nutricionais > A linhaça tem a reputação de ser muito rica em ômega-3. Além disso, seu aporte de fibras não deve ser negligenciado, pois 100 g de farinha de linhaça são suficientes para garantir quase toda a necessidade diária desse composto alimentar. Seu baixo teor de carboidratos é muito valorizado nas receitas de baixo IG.

Utilização > Tem alta capacidade de absorção e notas de semente de abóbora. Pode ser utilizada em todas as preparações de confeitaria, em combinação com outras farinhas. Uma vez hidratada, por sua consistência espessa e abundância de lipídios, pode substituir ovos e manteiga em certas preparações.

FARINHA DE TREMOÇO, AUSÊNCIA DE GLÚTEN GARANTIDA

Leguminosa | Amargo | ++++ | 15

Origem > Vamos abrir espaço para uma leguminosa consumida há milênios. Mais uma alternativa sem glúten, essa farinha é produzida a partir das sementes retiradas da flor do tremoceiro. Estamos falando da farinha de tremoço torrado. No aquecimento das sementes durante a torra, aumenta-se a quantidade de proteínas assimiláveis pelo intestino.

Aportes nutricionais > Trata-se de uma farinha que não contém nem glúten nem amido, com IG muito baixo e rica em fibras. Esse coquetel de benefícios a torna uma farinha de muito fácil digestão, o que ajuda a estabilizar o nível de açúcar no sangue e melhora o trânsito intestinal.

Utilização > De cor amarela, essa farinha colore massas em geral. Marcada por notas aromáticas de avelã e ligeiramente amarga, tem poder emulsionante e é capaz de substituir ovos ou manteiga em massas doces e amanteigadas.

FARINHA DE MILHO, CARBOIDRATOS EXTRA EXTRAGRANDES

Cereal | Neutro | ++ | 70

Origem > Vamos para o México! Lá, o milho já era cultivado desde a época dos maias. Exportado para a Europa, o cereal passou por intensa hibridização ao longo do século XX. Sua farinha integral é obtida pela moagem dos grãos de milho íntegros.

Aportes nutricionais > Muito rica em carboidratos, essa farinha sem glúten tem um IG alto (70). Também contém quantidades significativas de potássio, fósforo e magnésio.

Utilização > De cor amarela, tem sabor levemente adocicado e confere um tom dourado a massas. Seu alto teor de amido permite engrossar cremes ou molhos e agregar maciez a massas em geral.

FARINHA DE PAINÇO OU MILHETO, A MAIS ENERGÉTICA

Cereal | Nozes, nota torrada | +++ | 70

Origem > Essa farinha provém de um cereal da família das gramíneas e resulta da trituração dos grãos de painço marrom selvagem com casca (ao contrário de seu homólogo, o painço amarelo). A diferença: um aporte nutricional mais rico.

Aportes nutricionais > O painço é um cereal livre de glúten. Rico em amido, é fonte de fibras e proteínas vegetais. Resultado: uma pequena bomba de energia, considerado um superalimento graças a seus altos teores de vitamina B, silício e minerais, presentes em sua casca.

Utilização > De cor ligeiramente acinzentada, tem o sabor das avelãs. Pode ser facilmente combinada com uma farinha neutra ou amido para a obtenção de uma textura macia em bolos.

FARINHA DE CEVADA, A MAIS DETOX

Cereal | Neutro | +++ | 30

Origem > Essa farinha é extraída de um cereal que se apresenta em duas formas: a cevada descascada e a cevada perolizada (cevadinha). A primeira preserva o gérmen e o farelo; apenas seu envoltório de celulose é removido para tornar o grão comestível. A segunda, mais refinada, contém menos nutrientes e fibras, porque o envoltório do farelo é retirado e grão é polido em formato de pérola.

Aportes nutricionais > Essa farinha é conhecida há séculos por suas propriedades desintoxicantes. Possibilita combater distúrbios intestinais. Em sua composição está presente uma molécula chamada inositol, aliada na regulação do colesterol. É repleta de minerais como vitaminas B e K, além de nutrientes como ferro, cobre e zinco. É rica em fibras solúveis e carboidratos e pobre em glúten.

Utilização > É de cor branca, tem sabor adocicado e se mistura facilmente ao trigo na preparação de pães.

FARINHA DE BATATA-DOCE, MINERAIS EM ABUNDÂNCIA

Legume | Terroso | ++ | 50

Origem > Esse tubérculo sul-americano é descascado, cortado em pedaços e seco. A transformação em farinha se dá por um método muito simples: a polpa é desidratada e, em seguida, triturada. Como a batata-doce é composta de mais de 80% de água, a desidratação da polpa possibilita a concentração dos nutrientes.

Aportes nutricionais > Pobre em açúcar e gordura e rica em minerais e fibras (8%), a farinha de batata-doce contém muito betacaroteno, que é um poderoso antioxidante, e tem alto teor de potássio.

Utilização > Com uma tonalidade que varia do branco ao laranja, essa farinha tem sabor naturalmente adocicado e é muitas vezes usada como substituta da fécula.

FARINHA DE SEMENTE DE UVA, UM CONCENTRADO DE FIBRAS

Fruta | Terroso, acre | ++++ | 55

Origem > Essa farinha é obtida após uma sequência de processos: primeiro realiza-se a prensagem, para a retirada da parte líquida (mosto); em seguida, o extrato bruto passa pela secagem e depois por uma triagem, para a coleta das sementes. Da uva, tudo se aproveita!

Aportes nutricionais > É uma das farinhas mais ricas em fibras: 58%. Contém diversos minerais, entre eles o precioso selênio, essencial para nosso organismo.

Utilização > Sua cor marrom-escura e seus aromas poderosos fazem dessa farinha um produto bastante característico, marcado por notas levemente acres de uva.

FARINHA DE GRÃO-DE-BICO, A BOA ALUNA

Leguminosa | Doce, grão-de-bico torrado | ++ | 35

Origem > O processo de produção é semelhante ao de outras farinhas: os grãos-de-bico são secos e depois triturados até a obtenção de um pó.

Aportes nutricionais > Sua abundância em fibras e proteínas de origem vegetal é um verdadeiro trunfo, especialmente para o trânsito intestinal. Promovendo um efeito de saciedade, a farinha de grão-de-bico é uma excelente fonte de proteínas. Ela também contém uma boa quantidade de vitaminas, principalmente B, e minerais, como magnésio e potássio.

Utilização > Na forma de um pó amarelo-claro, essa farinha é bastante densa. Seu sabor é marcante nas receitas, por isso é recomendável combiná-la com farinhas mais neutras.

FARINHA DE QUINOA, OS INTESTINOS AGRADECEM

Cereal | Amargo, terroso | + | 40

Origem > Você acha que a quinoa é um cereal? Nada disso! Chamada de "arroz dos incas", ela é um pseudocereal oriundo de uma planta que tem a aparência de um espanador. Obtida pela trituração dos grãos de quinoa, essa farinha é uma excelente alternativa sem glúten.

Aportes nutricionais > É de fácil digestão e rica em proteínas e carboidratos, além de ter todos os aminoácidos essenciais. É também uma importante fonte de fibras.

Utilização > Levemente amarga, distingue-se pelas notas de avelã e por uma grande capacidade de absorção, possibilitando engrossar rapidamente uma preparação. Atenção: a proporção é importante quando não se deseja uma massa densa demais.

FARINHA DE ARROZ, A ESTRELA SEM GLÚTEN

Cereal | Neutro | +++ | 75

Origem > Entre as farinhas sem glúten, é uma das mais utilizadas. Existem alguns tipos, conforme as variedades de arroz, como a farinha de arroz branco refinado, a semi-integral, a integral e a de arroz glutinoso.

Aportes nutricionais > Devido à abundância de carboidratos, apresenta alto IG. É uma excelente fonte de energia.

Utilização > Essa farinha é muito fina e leve, com sabor neutro. Adquire um efeito quebradiço após o cozimento e acompanha muito bem todas as farinhas com notas aromáticas fortes, bem como aquelas com alta capacidade de absorção.

FARINHA DE TRIGO-SARRACENO, SABOR INIMITÁVEL

Cereal | Torrado, terroso | ++ | 40

Origem > Também conhecida como farinha de trigo-mourisco, essa é a famosa farinha das galettes bretãs! A planta que dá origem ao trigo-sarraceno é cultivada em razão de suas sementes, e é delas que essa farinha é obtida.

Aportes nutricionais > É uma farinha rica em fibras e proteínas e que não contém glúten. Seu IG é médio, e seu valor calórico é bastante elevado, devido a seu teor de amido.

Utilização > De cor cinza, essa farinha confere uma textura bem densa às preparações e tem um sabor bem pronunciado. Por isso, é frequentemente utilizada com alguma farinha mais leve, amido ou fécula.

FARINHA DE CENTEIO, MAIS UMA QUERIDINHA DOS PADEIROS

Cereal | Forte nota de cereal torrado, sabor rústico | ++ | 40

Origem > Essa farinha contém glúten, o que a torna panificável. Por essa razão, é largamente utilizada na panificação. Assim como a farinha de trigo, recebe na França uma classificação: T70, T85, T130, T170.

Aportes nutricionais > Rica em fibras e proteínas vegetais, contém diversos minerais, entre eles potássio e magnésio.

Utilização > Pode substituir 100% da farinha de trigo nos pães e ser misturada a outras farinhas para a produção de massas doces. Agrega notas rústicas muito perfumadas às preparações.

FARINHA DE SOJA, REPLETA DE PROTEÍNAS

Leguminosa | Sabor leve, com gosto de nozes | +++ | 25

Origem > Essa farinha deriva de uma leguminosa cultivada na China há milênios. Existem duas versões da soja: a torrada e a não torrada. A farinha é feita após a extração do óleo dos grãos, que então são triturados.

Aportes nutricionais > Contém todos os aminoácidos essenciais.

Utilização > De cor creme e muito fina, essa farinha tem sabor de biscoito. É dotada de propriedades emulsificantes, o que possibilita usá-la eventualmente para substituir ovos e manteiga. Combinada com amido, pode substituir a farinha de trigo em receitas de babás ou brioches sem glúten.

FARINHA DE JUNÇA, A ALIADA SEM GLÚTEN

Legume · Doce, notas de noz, açucarado · + · 35

Origem > A junça é uma planta gramínea cujo tubérculo é seco e depois triturado para fazer a farinha. De formato redondo e levemente irregular, o tubérculo da junça poderia parecer um grão. Mas não é!

Aportes nutricionais > É uma farinha rica em fibras, oligoelementos e minerais, como potássio, cálcio e magnésio. A junça tem propriedades antioxidantes graças às vitaminas E e C.

Utilização > O pó obtido é ligeiramente granulado e de cor marrom-clara, parecido com a amêndoa em pó. Com uma nota doce, suave e natural, a farinha de junça substitui facilmente a farinha de trigo nas massas. Devido à textura levemente granulada que ela dá às preparações, é preferível misturá-la com outra farinha.

FARINHA DE TEFF BRANCO, CABECINHA DE CAMPEÃO

Cereal · Doce, muito levemente torrado · + · 45

Origem > O teff é considerado um dos menores grãos do mundo. Esses grânulos são moídos para fazer a farinha.

Aportes nutricionais > Rico em proteínas e fibras, o teff está entre os grãos mais ricos em cálcio, fósforo e ferro.

Utilização > Sua cor vai do branco ao marrom, dependendo da variedade. Suas características? Sabor de nozes e notas adocicadas, além da capacidade de conferir elasticidade às massas e fazer parte da panificação pelo seu efeito de fermentação.

Diferentes féculas e amidos

A fécula é um pó obtido de raízes, rizomas ou tubérculos (fécula de batata, fécula de mandioca, etc.). O amido, por sua vez, é extraído das sementes de cereais (amido de milho, amido de arroz). Esses dois ingredientes, essenciais na cozinha, têm como características comuns dar liga a cremes e molhos e aerar doces. Têm igualmente a vantagem de serem adequados para pessoas com intolerância ao glúten, dado que não o contêm em sua composição.

CONSELHO DE BEM-ESTAR
O índice glicêmico das féculas varia de médio a alto. É importante acrescentar fibras nas receitas que as utilizam se quisermos manter o IG o mais baixo possível.

FÉCULA DE ARARUTA

Rizoma | Neutro | 90

Origem > É feita a partir do rizoma da araruta, uma planta tropical. O rizoma é imerso em água quente, descascado e triturado para extrair a polpa, que em seguida é seca e moída.

Aportes nutricionais > Rica em amido (85%) e sem glúten, a araruta participa ativamente da digestão devido aos seus prebióticos. Tem ainda muitas outras propriedades medicinais conhecidas, especialmente por sua concentração de minerais como cálcio, magnésio e fósforo.

Utilização > A fécula dá liga a molhos e cremes e tem forte poder elástico. Seu sabor é neutro e sua cor permanece clara após o espessamento.

FÉCULA DE BATATA

Tubérculo | Neutro | 95

Origem > É extraída do tubérculo da batata, que é inicialmente esmagado para liberar os grânulos de amido, os quais, em seguida, são secos e misturados.

Aportes nutricionais > Muito rica em carboidratos (86%), constitui uma importante fonte de energia.

Utilização > Ideal para conferir textura leve e macia a bolos e massas em geral. Depois de cozida, sua cor é branca.

FÉCULA DE MANDIOCA

Raiz | Neutro | 80

Origem > A fécula de mandioca deriva da raiz da planta de mesmo nome e foi descoberta no Brasil. A raiz da mandioca é ralada e lavada para separar as fibras do amido. Depois é seca e, então, triturada.

Aportes nutricionais > A fécula de mandioca é rica em carboidratos. Constitui uma boa fonte de ferro e cálcio. Contém ainda fibras e é naturalmente sem glúten.

Utilização > É usada como espessante em cremes. Tem a particularidade de se expandir, conferindo elasticidade à massa. Seu sabor é neutro e sua cor é branca.

AMIDO DE MILHO

Cereal | Neutro | 85

Origem > Os grãos de milho são embebidos em água para remover mais facilmente o gérmen, a proteína e a fibra. O amido é seco e, em seguida, transformado em pó.

Aportes nutricionais > Uma das grandes qualidades do amido de milho é que ele é naturalmente sem glúten, o que o torna um ingrediente não alergênico. É rico em carboidratos (atenção, seu IG é relativamente alto: 85), que fornecem ao corpo o combustível necessário para enfrentar dias cheios de aventuras. Além disso, o amido de milho é altamente digerível.

Utilização > Depois de aquecido com um líquido, incha, engrossa e forma um gel. Cada grão de amido ganha até 30 vezes o seu volume a partir de 70 °C. Nesse caso, o amido é menos elástico. Permanece opaco após o cozimento.

AMIDO DE ARROZ

Cereal | Neutro

Origem > É o amido extraído dos grãos de arroz.

Aportes nutricionais > Como outros amidos, é uma excelente fonte de energia. Além disso, é naturalmente isento de glúten. É um ingrediente extraordinário e leve, com qualidades nutricionais notáveis: rico em carboidratos e com baixo teor de gordura, sendo ideal para uma alimentação variada.

Utilização > É usado da mesma maneira que a fécula de mandioca.

COMBINANDO FARINHAS

Esta é uma tabela de equivalências para você se divertir variando as farinhas.
As sugestões apresentadas são válidas para substituir a farinha de trigo em preparos de massas doces.

40% de farinha de amêndoa + 40% de farinha de arroz integral + 20% de farinha de milho

20% de farinha de amaranto + 80% de farinha de einkorn

40% de farinha de aveia + 60% de farinha de arroz integral

30% de farinha de amendoim + 70% de farinha de arroz integral

20% de farinha de banana verde + 80% de farinha de einkorn

20% de farinha de cacau + 80% de farinha de espelta ou trigo-vermelho

20% de farinha de cânhamo + 80% de farinha de arroz integral

30% de farinha de castanha + 40% de farinha de arroz + 30% de farinha de milho

20% de farinha de coco + 40% de farinha de arroz integral + 40% de amido de milho

100% de farinha de einkorn

100% de farinha de espelta ou trigo-vermelho

30% de farinha de fonio + 70% de farinha de espelta ou trigo-vermelho

30% de farinha de feijão + 70% de farinha de arroz integral

50% de farinha de kamut + 50% de farinha de einkorn

20% de farinha de jaca + 80% de farinha de einkorn

20% de farinha de lentilha verde + 40% de farinha de arroz integral + 40% de farinha de milho

40% de farinha de linhaça + 60% de farinha de einkorn

30% de farinha de tremoço + 70% de farinha de arroz

20% de farinha de malte de cevada + 80% de farinha de einkorn

30% de farinha de milho + 70% de farinha de arroz integral

30% de farinha de cevada descascada + 40% de farinha de arroz integral + 30% de farinha de milho

40% de farinha de batata-doce + 60% de farinha de einkorn

20% de farinha de semente de uva + 80% de farinha de arroz integral

20% de farinha de grão-de-bico + 40% de farinha de arroz + 40% de farinha de milho

50% de farinha de quinoa + 50% de farinha de arroz integral

50% de farinha de arroz integral + 50% de farinha de soja

30% de farinha de trigo-sarraceno + 40% de farinha de milho + 30% de farinha de arroz integral

40% de farinha de centeio + 40% de farinha de espelta ou trigo-vermelho + 20% de farinha de quinoa

30% de farinha de soja + 40% de farinha de arroz integral + 30% de farinha de milho

40% de farinha de junça + 30% de farinha de arroz integral + 30% de farinha de milho

30% de farinha de teff + 70% de farinha de arroz integral

Como escolher a farinha?

1 > Escolha a característica da(s) farinha(s) de acordo com a receita.

2 > Escolha o(s) tipo(s) de farinha: refinada, semi-integral ou integral orgânica (de preferência moída em um moinho de pedra).

3 > Escolha o fornecedor de acordo com a qualidade desejada.

Faça sua própria farinha

Fazer a própria farinha em casa? Boa ideia! As vantagens são incomparáveis...

Atualmente, existem diversos métodos de produção de farinha caseira. Você deve escolher o método de acordo com o que deseja obter. Os benefícios nutricionais de uma farinha feita no momento da preparação não se comparam aos das farinhas moídas meses ou até anos antes da utilização.

Método	Tipo	Técnica
Liquidificador de alta potência ou triturador de grãos	Todos os grãos e cereais	Triturar tudo até obter um pó fino.
Secagem seguida de trituração	Castanha, jaca, banana verde ou batata-doce	Descascar, lavar, cortar em pedaços e secar no forno. Quando o ingrediente estiver completamente seco, triturar até obter um pó fino.

Atenção: algumas farinhas não podem ser feitas em casa, como aquelas que exigem a retirada prévia da gordura (farinha de coco, farinha de amendoim, farinha de soja, farinha de cânhamo e farinha de amêndoa).

CAPÍTULO 2

Açúcares

INTRODUÇÃO

Apesar de frequentemente criticado, o açúcar não é totalmente ruim!

Ele faz parte da família dos carboidratos, que são essenciais para o bom funcionamento do corpo, pois fornecem energia às células e aos órgãos. O cérebro, por exemplo, é dependente de glicose, portanto, precisa de carboidratos para desempenhar suas funções adequadamente.

Na confeitaria, o açúcar tem múltiplas funções. Obviamente, é ele que confere e realça sabores doces, além de poder atuar como conservante dos produtos, dar cor a massas durante o cozimento e garantir crocância ao participar da textura. Em suma, é fácil compreender por que ele é um jogador essencial no time dos confeiteiros.

Nos últimos anos, inúmeros estudos se debruçaram sobre seu impacto na saúde, mostrando que o consumo excessivo de açúcar faz mal ao corpo. Neste capítulo, veremos o que é o índice glicêmico e a quais açúcares e ingredientes adoçantes devemos dar preferência em uma confeitaria saudável. Existem, de fato, alternativas para reduzir o índice glicêmico das sobremesas... e promover o bem-estar das células!

Com o açúcar, tudo é questão de equilíbrio, como nos lembra um dos cinco pilares da confeitaria para o bem-estar, na introdução deste livro.

É imprescindível ajustar a quantidade de açúcar nas receitas, considerar as alternativas e complementá-lo com um "ingrediente milagroso" da mesma família: a fibra.

O desafio? Manter o índice glicêmico o mais baixo possível e proteger o corpo de repetidas altas de insulina!

Aqui, selecionei açúcares e adoçantes naturais que lhe permitirão "açucarar" suas produções tranquilamente, levando em consideração suas expectativas, alergias ou intolerâncias.

O recado está dado: ao final deste capítulo, você saberá tudo sobre os açúcares!

COMO O AÇÚCAR FUNCIONA?

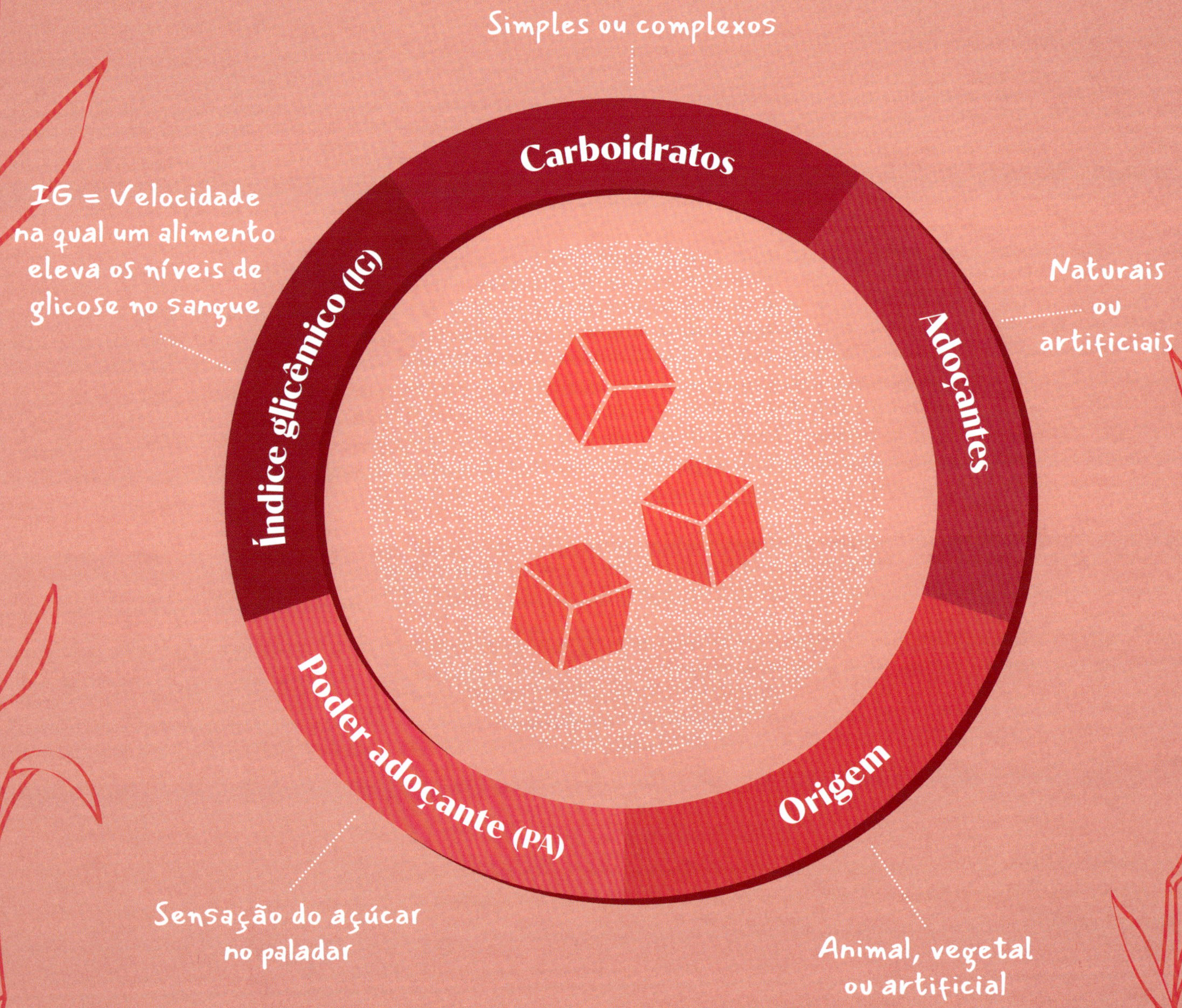

Tudo sobre os açúcares!

DE ONDE VEM O AÇÚCAR?

Estamos no século XVIII. Acaba de acontecer uma grande descoberta: a dos princípios da fotossíntese, ou seja, como a energia é naturalmente criada com três ingredientes mágicos: água, dióxido de carbono do ar (CO_2) e luz solar.

Uma receita das mais potentes, que permite à planta produzir glicose, uma molécula simples e ágil, para o desenvolvimento do tronco e dos frutos, passando pelas raízes.

A planta vai utilizar a glicose para suas necessidades imediatas ou a armazenará na forma de amido, dispondo assim de uma fonte permanente de energia. Nesse segundo caso, o que de fato está acontecendo? As moléculas simples de glicose vão se unir para formar duas variedades de "açúcar", que a planta reserva:

> **o amido**, um carboidrato complexo pronto para ser requisitado quando o sol ou a água não estiverem presentes, por exemplo. Sementes, raízes e tubérculos estão repletos de amido;

> **as fibras**, presentes ao longo de toda a planta e que a ajudam a consolidar sua estrutura. Elas são encontradas mais precisamente no tronco, nos galhos e nas folhas.

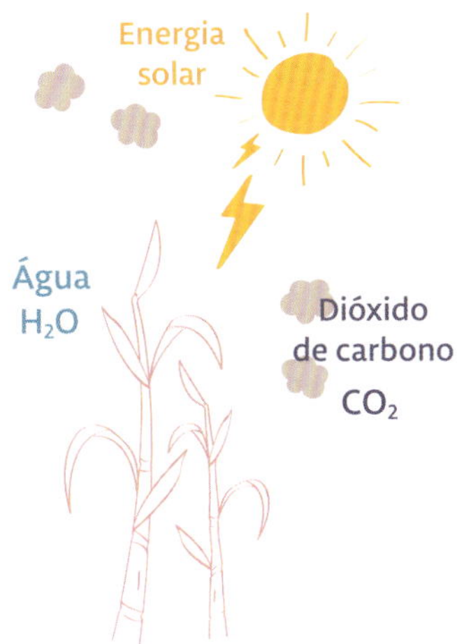

Energia solar + CO_2 + H_2O são as matérias-primas necessárias para a fotossíntese. Graças a elas, os vegetais produzem os açúcares, que são transportados das folhas para outras partes da planta.

A PRODUÇÃO DE FRUTOSE

REPRODUÇÃO: OUTRO TRUQUE DE MÁGICA

Quando chega seu período reprodutivo, as plantas contam com um trunfo para obter sucesso em sua missão de acasalamento: transformar a glicose em frutose, cujo poder adoçante é duas vezes mais alto. Afinal, o que poderia ser mais favorável para as plantas do que oferecer frutas saborosas para encantar pássaros ou outros animais e incentivá-los a espalhar suas sementes? Incrível, não?

Vale observar que esse processo foi aperfeiçoado pelo cruzamento de variedades realizado pela mão humana, o que favoreceu a obtenção de plantas com frutos cada vez mais doces.

Para fechar com chave de ouro, a frutose se liga à glicose para produzir a sacarose, principal forma do carboidrato da seiva (que possibilita nutrir toda a planta com matéria orgânica).

Moral da história: as plantas são fonte de todas as formas de açúcar natural! Uma dádiva da natureza que permite ao ser humano estocar energia!

A FAMÍLIA DOS CARBOIDRATOS

A família dos carboidratos se divide em duas categorias: carboidratos simples e carboidratos complexos. Dentro dessa família energética, existem oito formas principais de açúcar, que são encontradas naturalmente no mundo vegetal.

Vamos às apresentações!

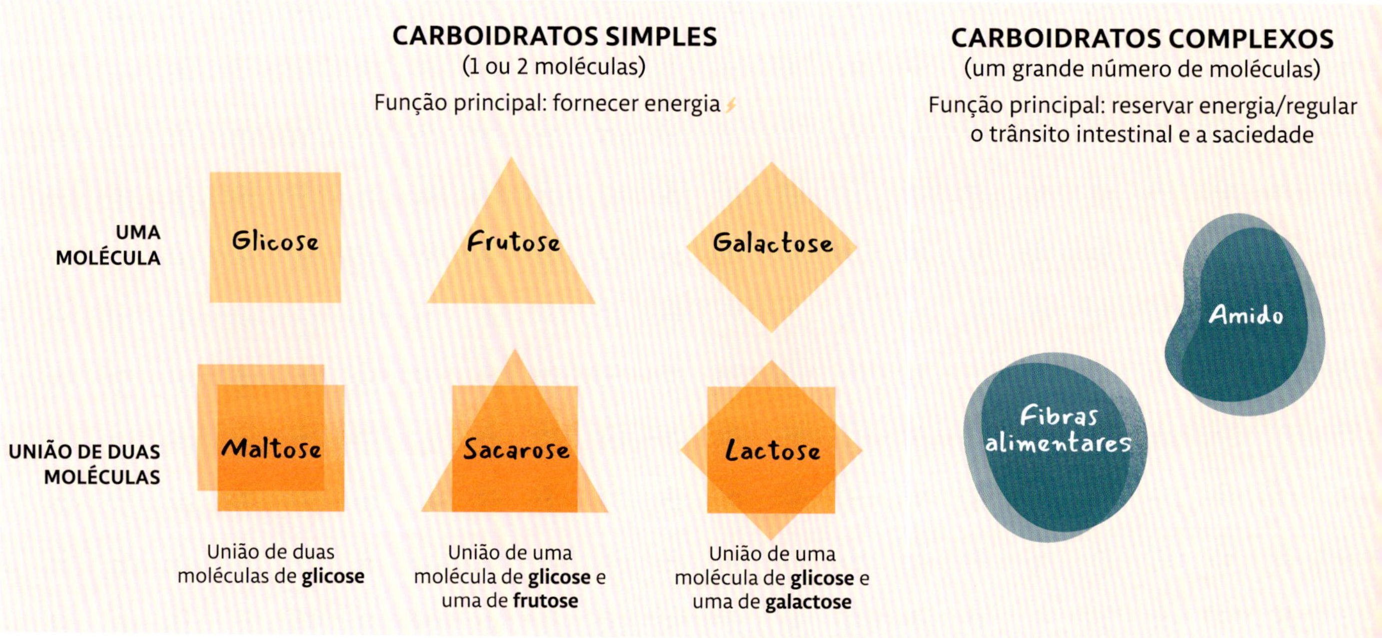

OS ADOÇANTES

Os adoçantes são substâncias utilizadas na alimentação para substituir o açúcar refinado comum, e seu poder adoçante pode ser alto ou baixo. Mas, atenção, nem todos eles são artificiais: o mel, por exemplo, é um adoçante natural.

Veja esta tabela resumida:

	Adoçante intenso	Adoçante de corpo
Origem	Artificial ou refinado de origem natural	Natural
Poder adoçante[1]	Muito alto, chegando a 300 ou mais na indústria	De 0,5 a 1
Calorias	0	poucas
Índice glicêmico	0	baixo

IMPORTANTE

O consumo de adoçantes deve ser controlado, respeitando-se a dose diária recomendada.

[1] Índice que tem como referência a sacarose, com poder adoçante 1.

Pape

Açúcar mascavo
Xarope de agave
Xarope de yacon
Açúcar de palma
Açúcar de tâmara
Eritritol
Lúcuma em pó

Xarope de bordo
Açúcar de coco
Açúcar de beterraba
Xarope de arroz
Xarope de tâmara
Xilitol
Mel
arope
e kitul
Pó de folha de estévia
Açúcar de uva

Açúcares e suas alternativas

ERITRITOL, O ALIADO DE PESSOAS COM DIABETES

Origem > Naturalmente presente em algas, vinho ou queijos curados. Pode-se também obter esse adoçante pela fermentação de amido de arroz ou de trigo, devido a enzimas e leveduras (o xarope obtido é esterilizado, filtrado, purificado e cristalizado).

Aportes nutricionais > Baixo em calorias e com IG zero, é ideal para pessoas com diabetes e que monitoram o açúcar no sangue.

Utilização > Derrete a 120 °C, é hidrossolúvel e tem sabor refrescante. Por isso, seu comportamento é similar ao do açúcar refinado comum. Assim, o eritritol pode facilmente servir como um substituto, ainda que seu poder adoçante seja inferior (100 g de açúcar = 130 g de eritritol).

LÚCUMA EM PÓ, O OURO DOS INCAS

Origem > A lúcuma é o fruto de uma árvore, a *Pouteria lucuma*. Seu formato é parecido com o do abacate e sua polpa alaranjada é extremamente doce. Para obter seu açúcar, a fruta é seca e depois transformada em pó.

Aportes nutricionais > É muito rica em fibras e seu IG é baixo (25). É considerada um superalimento por ser abundante em ferro, potássio e zinco. Também é rica em antioxidantes devido à significativa presença de betacaroteno.

Utilização > De cor areia (amarelo-clara), seu pó é muito fino e se mistura facilmente às preparações. Seu poder adoçante é 50% menor do que o do açúcar refinado comum.

MEL, UMA RIQUEZA INIGUALÁVEL

Origem > A abelha coletora retira o néctar das flores e o carrega em seu papo. Chegando à colmeia, ela regurgita o néctar no papo da abelha receptora. Nesse momento, tem início a produção do mel. É a transmissão do néctar entre as abelhas dentro da colmeia que possibilita a concentração de enzimas que vão transformá-lo em frutose e glicose. A umidade contida no néctar evapora devido ao calor interno da colmeia e à ventilação criada pelas abelhas, até que o teor de água esteja no ponto, permitindo o armazenamento do mel nos alvéolos dos favos, que as abelhas fecham com cera. Existem tantas variedades de méis quanto de flores colhidas nos campos.

Aportes nutricionais > É um adoçante de grande riqueza nutricional. A composição varia enormemente de um mel para outro. É preciso ter muito cuidado com a origem e a fabricação do mel, pois, frequentemente, são encontrados méis misturados com glicose ou outros xaropes.

Utilização > Assim como os aportes nutricionais variam de um mel para outro, variam também o sabor e a textura. Tem alto IG e seu poder adoçante é 30% maior que o do açúcar refinado comum (100 g de açúcar = 70 g de mel).

Veja as características de cinco méis selecionados:

MEL DE MANUKA

Aportes nutricionais > Alta concentração de metilglioxal, o que lhe confere alto poder antibacteriano. Rico em flavonoides.

Efeito terapêutico > Grande poder bactericida, promove o brilho da pele e dos cabelos.

Aparência e sabor > Cor escura e sabor forte.

MEL DE ACÁCIA

Aportes nutricionais > Alto teor de sais minerais e aminoácidos.

Efeito terapêutico > Alivia e reduz dores e é utilizado em casos de infecção do sistema respiratório.

Aparência e sabor > Cor amarelo-clara transparente e sabor suave e agradável.

MEL DE LAVANDA

Aportes nutricionais > Rico em potássio e cálcio.

Efeito terapêutico > Antisséptico e anti-inflamatório, alivia resfriados e age sobre ferimentos.

Aparência e sabor > Cor branca, textura cremosa e sabor delicado.

MEL DE ABETO

Aportes nutricionais > Rico em oligoelementos, potássio, fósforo, enxofre e cálcio.

Efeito terapêutico > Combate problemas respiratórios.

Aparência e sabor > Cor muito escura e sabor amadeirado.

MEL DE CASTANHEIRO

Aportes nutricionais > Alto teor de ferro, minerais e vitaminas.

Efeito terapêutico > Tem efeito calmante e estimula o sistema imunológico.

Utilização > Cor amarelo-alaranjada e sabor intenso e potente, com notas amadeiradas.

SAIBA+

Atenção: existe o "falso mel", que é, na verdade, um mel com adição de adoçantes. Redobre o cuidado: observe bem o rótulo que indica a composição do produto.

O mel cristaliza com o tempo. Quanto mais rico em frutose, mais tempo demora para cristalizar. Quanto mais rico em glicose, mais depressa cristaliza.

XAROPE DE KITUL, PEPITA EXÓTICA

Origem > É obtido da seiva da flor da árvore de mesmo nome, uma palmeira encontrada no Sri Lanka. A seiva é filtrada, aquecida e fervida a uma temperatura de aproximadamente 110 °C até que se obtenha uma calda.

Aportes nutricionais > É um pouco menos calórico do que o açúcar e seu IG é baixo, devido, principalmente, à presença de frutose. É rico em minerais como cálcio e ferro.

Utilização > Untuosa, de cor âmbar, a seiva de kitul tem delicadas notas carameladas, picantes, amadeiradas, florestais, deliciosamente ambarizadas. Seu aroma é doce, sutilmente defumado. Seu poder adoçante é igual ao do açúcar refinado comum.

XAROPE DE AGAVE, UM AÇÚCAR MULTIFACETADO

Origem > É proveniente de uma planta chamada agave-azul, encontrada principalmente no México. O sumo (seiva) é extraído do núcleo da planta, aquecido para que haja concentração e desenvolvimento de açúcares, e depois filtrado.

Aportes nutricionais > Atenção: embora a planta originária seja rica em fibras, o xarope de agave não é. A seiva, depois de aquecida, contém principalmente frutose (+60%), que pode causar efeitos indesejáveis, especialmente no fígado.

Utilização > Líquido de cor clara e sabor neutro. Seu poder adoçante é 30% superior ao do açúcar refinado comum (100 g de açúcar = 70 g de xarope de agave).

SAIBA+

Equivalência em relação ao poder adoçante do açúcar refinado comum

Exemplo: para uma receita que pede 50 g de açúcar, podemos utilizar 50 g/2 = 25 g de xarope de bordo.

XAROPE DE BORDO, PARA CUIDAR DAS SUAS CÉLULAS!

Origem > Sua produção é realizada principalmente no Canadá, durante a primavera. O xarope é proveniente da seiva do bordo, que se torna mais concentrada após fervura. Seu sabor e composição variam de acordo com a época da colheita, passando de uma cor dourada a um tom mais escuro.

Aportes nutricionais > Esse xarope é rico em polifenóis e antioxidantes. Várias pesquisas apontam que apresenta benefícios terapêuticos. Contém quantidades significativas de manganês e cálcio.

Utilização > É um xarope escuro, com sabor acentuado de caramelo. Seu poder adoçante é 50% maior do que o do açúcar refinado comum (100 g de açúcar = 50 g de xarope de bordo).

XAROPE DE ARROZ, O MARATONISTA DA GLICOSE

Origem > É obtido pela fermentação dos grãos de arroz na presença de enzimas e leveduras. Em seguida, a mistura é filtrada e concentrada por evaporação.

Aportes nutricionais > Composto de dois tipos de carboidratos simples e complexos, esse xarope contém potássio e magnésio e garante disponibilidade de glicose ao corpo por até 3 horas, o que é bastante vantajoso para atletas.

Utilização > Tem sabor suave e consistência similar à do mel. Apresenta intenso poder adoçante, 50% superior ao do açúcar refinado comum (100 g de açúcar = 50 g de xarope de arroz).

XAROPE DE YACON, O CAMPEÃO DE TUDO

Origem > É proveniente de uma planta tuberosa chamada batata yacon, nativa da América do Sul. O sumo é extraído por moagem e posteriormente submetido à evaporação a baixa cocção (inferior a 80 °C).

Aportes nutricionais > É o açúcar mais rico em fibras e, graças a elas, esse xarope funciona como um prebiótico na flora intestinal. Abaixo de 100 °C, mantém o IG em 1, uma ótima notícia para pessoas com diabetes.

Utilização > Sua cor é escura e sua textura é de xarope. O sabor é frutado e caramelizado. Seu poder adoçante é 50% maior que o do açúcar refinado comum (100 g de açúcar = 50 g de xarope de yacon).

FOLHA DE ESTÉVIA, UM PÓ VERDE MILAGROSO

Origem > Apresentamos aqui o pó da folha de estévia, e não o adoçante de estévia obtido após várias etapas de processamento. Esse pó é oriundo de uma planta chamada *Stevia rebaudiana*, encontrada na Amazônia. As folhas são colhidas e depois secas. Em seguida, são trituradas.

Aportes nutricionais > Sua ingestão calórica e seu IG são zero. O pó é muito rico em fibras (24 g/100 g).

Utilização > Não pode ser aquecido acima de 100 °C. Tem um poder adoçante intenso, 15 vezes mais alto que o do açúcar refinado comum (100 g de açúcar = 6,5 g de pó de folha de estévia). De cor verde, apresenta notas de alcaçuz.

Quais as diferenças entre o pó da folha de estévia e o adoçante de estévia?

PÓ DE FOLHA DE ESTÉVIA

Composição > 100% folha de estévia.
Fabricação > **Adoçante de fibra natural.** A folha é seca e triturada.
Poder adoçante > 15.

ADOÇANTE DE ESTÉVIA

Composição > Rebaudiosídeo A.
Fabricação > **Adoçante intenso refinado.** A folha de estévia é seca e triturada. Com a adição de água, prepara-se uma infusão, que posteriormente será submetida a uma microfiltragem, processo em que são selecionadas moléculas que serão, então, refinadas (alterando a cor de verde para branco). O suco obtido é misturado com etanol e, em seguida, centrifugado para a retirada apenas do pó.
Poder adoçante > +300.

AÇÚCAR DE COCO, COM INÚMERAS RIQUEZAS

Origem > O açúcar de coco vem da seiva da flor do coco, que, não refinada, é aquecida até que a água tenha evaporado completamente. Vale observar que existe a massa de açúcar de coco, parcialmente evaporada, que preserva as qualidades nutricionais.

Aportes nutricionais > É rico em polifenóis e potássio e contém inulina (fibra), um prebiótico que desempenha um papel interessante na flora intestinal. Sua ingestão calórica é igual à do açúcar refinado comum e seu IG varia de baixo a médio, dependendo da produção.

Utilização > Escuro e aromático, esse açúcar tem as mesmas características do açúcar mascavo. Devido à sua riqueza em minerais, não é adequado para a produção de caramelo. Seu poder adoçante é 20% maior que o do açúcar refinado comum (100 g de açúcar = 80 g de açúcar de coco).

AÇÚCAR DE BETERRABA, BOM PARA TUDO

Origem > O açúcar de beterraba é obtido pelo esmagamento da beterraba-sacarina. O suco resultante é, em seguida, filtrado e concentrado por evaporação, até a cristalização do açúcar.

Aportes nutricionais > Seu IG é alto e permite um rápido fornecimento de açúcar ao sangue. É um açúcar não refinado, ao contrário do que muitas vezes se apresenta, mas é pobre em aporte nutricional.

Utilização > O poder adoçante é 1. Juntamente com o açúcar de cana, seu índice é tido como referência. Naturalmente branco, esse açúcar, em pó, serve para fazer todas as bases da confeitaria, participando da conservação dos preparos. Derrete a 100 °C e vira caramelo.

IMPORTANTE
Existem outros dois tipos de açúcar oriundos da beterraba:
- **o açúcar mascavado: obtido pela caramelização do açúcar de beterraba;**
- **o açúcar de confeiteiro: obtido pela moagem muito fina do açúcar de beterraba cristalizado, ao qual se adiciona amido (agente antiaglomerante).**

AÇÚCAR DE CANA

Origem > É proveniente do caldo extraído da cana, que depois é filtrado, concentrado e centrifugado até a obtenção de cristais de sacarose. Uma vez que o açúcar comece a cristalizar, dependendo do nível de extração, a cor irá gradativamente mudar de um tom escuro, característico do açúcar mascavo, passando por um mais claro, como a cor do açúcar demerara, até chegar ao branco (totalmente livre de melaço = açúcar refinado).

Aportes nutricionais > O IG obtido é elevado em todos os casos.

Utilização > O açúcar de cana pode ser usado em praticamente toda a confeitaria, assim como o açúcar de beterraba. Açúcares integrais da cana produzem uma coloração mais pronunciada. Seu poder adoçante é o de referência: 1.

RAPADURA OU PANELA

Origem > América do Sul.
Procedimento de fabricação > Suco de cana prensado a frio e seco ao ar livre.
Aporte nutricional > Sais minerais (potássio, cálcio e magnésio).
Características > Cor âmbar, textura úmida e sabor de alcaçuz.

MASCAVADO

Origem > Filipinas ou Ilhas Maurício.
Procedimento de fabricação > Caldo de cana prensado, aquecido e seco.
Aporte nutricional > Sais minerais (potássio, cálcio e magnésio).
Características > Sabor caramelado.

AÇÚCAR PRETO

Origem > Japão.
Procedimento de fabricação > Suco prensado a frio, reduzido em fogo à lenha e depois decantado por 5 dias.
Aporte nutricional > Sais minerais (potássio, cálcio e magnésio).
Características > Cor muito escura e sabor de alcaçuz.

IMPORTANTE
Por trás do nome "açúcar mascavo" estão processos distintos. Esse açúcar pode ser obtido naturalmente após as primeiras extrações do açúcar denominado integral, ou resultar do açúcar de cana refinado ao qual é adicionado melaço. Para diferenciá-los, você precisa descobrir o método utilizado pelo fabricante.

AÇÚCAR DE TÂMARA, UM FORTE PODER ADOÇANTE

Origem > As tâmaras são descaroçadas e desidratadas. Em seguida, são trituradas finamente para obtenção do açúcar.

Aportes nutricionais > Contém potássio, magnésio e ferro. É extremamente rico em oligoelementos se comparado com outros açúcares. Seu IG é relevante.

Utilização > Apresenta notas de caramelo e a cor é próxima ao caramelo amarelo-palha. Extremamente fino, substitui perfeitamente o açúcar refinado comum nas receitas, e seu poder adoçante é maior (100 g de açúcar = 60 g de açúcar de tâmara).

AÇÚCAR DE FLOR DE PALMA, O MAIS DELICADO

Origem > O açúcar de palma se origina da seiva das flores da palmeira. É feita uma incisão ao nível do caule da flor para coletar o sumo em recipientes feitos de bambu. Uma vez recolhido, o sumo é filtrado e aquecido por várias horas e, em seguida, colocado para esfriar.

Aportes nutricionais > Seu IG é baixo e, portanto, tem pouco impacto nos níveis de açúcar no sangue. É um açúcar não refinado, rico em nutrientes como potássio e magnésio.

Utilização > De cor dourada, é utilizado como o açúcar clássico nas receitas. Seu sabor é suave, levemente picante, com notas de mel. Seu poder adoçante é 10% superior ao do açúcar (100 g de açúcar = 90 g de açúcar de flor de palma).

IMPORTANTE
O açúcar de palma não tem nada a ver com o óleo de palma, que vem do dendezeiro. O cultivo das palmeiras para o açúcar de palma é realizado sem pesticidas ou fertilizantes e requer muito pouca água.

XILITOL

Origem > Também chamado de açúcar de bétula, é extraído da casca ou, eventualmente, dos grãos da planta. A casca ou os grãos de bétula são inicialmente triturados; em seguida, adiciona-se água para que as moléculas de hemicelulose sejam liberadas na solução. Enzimas são acrescentadas à solução para que decomponham as moléculas por hidrólise. Em seguida, uma molécula chamada D-xilose é selecionada. Hidrogenada novamente, a solução contendo a D-xilose é concentrada para que cristalize.

Aportes nutricionais > Com seu baixo IG, provoca pouco impacto nos níveis de açúcar no sangue. É um açúcar ideal para pessoas com diabetes.

Utilização > Tem o mesmo poder adoçante da sacarose. É utilizado da mesma forma que o açúcar refinado, até formar um caramelo.

FAÇA A ESCOLHA CERTA!

Você quer	Utilize
Um açúcar adequado para pessoas com diabetes?	Folha de estévia, xilitol ou eritritol
Um açúcar com sabor e baixo IG?	Xarope de kitul ou xarope de yacon
Um açúcar com poder adoçante significativo e baixo IG?	Folha de estévia
Um açúcar com propriedades terapêuticas?	Xarope de bordo ou mel

Qual é o papel dos carboidratos em nosso corpo?

POR QUE PRECISAMOS DE CARBOIDRATOS?

Os carboidratos (que se transformam em glicose no corpo) são uma das principais fontes de energia para nossas células. Elas trabalham queimando glicose, graças a seu centro de energia, as mitocôndrias, e realizando as funções para as quais foram programadas: batimento cardíaco, ativação do sistema cardiovascular, movimentos e deslocamentos, entre muitas outras.

Muito importante para o funcionamento do corpo, a glicose também pode ser metabolizada a partir de gorduras e proteínas, o que significa que não precisamos consumir carboidratos para obtê-la.

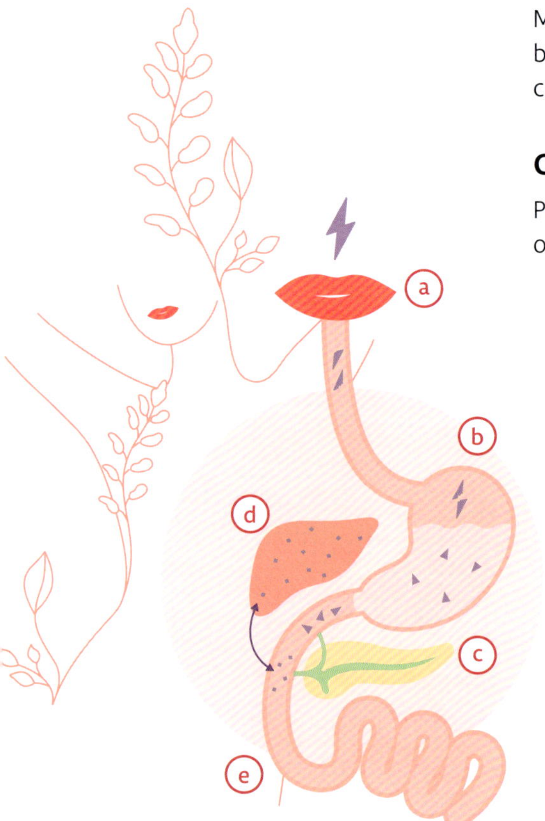

ⓐ **Boca –** Os carboidratos são decompostos em moléculas simples.

ⓑ **Estômago –** As moléculas simples são desnaturadas pelos sucos gástricos.

ⓒ **Pâncreas –** A amilase pancreática converte os carboidratos em glicose.

ⓓ **Fígado –** Verdadeira encruzilhada do metabolismo, libera a glicose na circulação sanguínea e funciona como reservatório de glicose, disponibilizando-a ao nosso corpo.

ⓔ **Intestino delgado –** A glicose é absorvida pelo sangue e levada ao fígado.

COMO OCORRE A DIGESTÃO?

Para entender os efeitos do açúcar no corpo é preciso compreender, primeiro, como o corpo reage enquanto o digere. Sem deixar de mencionar o papel crucial das fibras.

1. DA BOCA AO INTESTINO DELGADO: Os carboidratos ingeridos são divididos em moléculas de glicose, que passam pela parede do intestino delgado via sangue; o que leva a um aumento da glicemia (nível de açúcar no sangue).

2. DO INTESTINO DELGADO PARA O SANGUE: O pâncreas recebe o alerta sobre a concentração de açúcar no sangue. Em resposta, secreta insulina para auxiliar a glicose a entrar nas células que dela necessitam. O excesso de glicose será armazenado nas células do fígado e dos músculos, sob a forma de glicogênio, e servirá como reserva de energia, pronta para ser utilizada por todas as células quando necessário.

3. DE AÇÚCAR A GORDURA: Se as reservas de glicogênio estiverem saturadas, o corpo transforma o excesso de glicose em ácidos graxos, que serão armazenados no tecido adiposo.

Vale observar que, no caso de sobrecarga de glicose, a célula (mais particularmente as mitocôndrias) produzirá radicais livres, que são detritos prejudiciais capazes de causar disfunção ou mesmo morte celular. Esse acúmulo de estresse oxidativo é responsável por doenças como diabetes tipo 2, cardiopatias e até envelhecimento precoce. Felizmente, as células têm sistemas antioxidantes para combater esses efeitos... na medida do possível!

4. NO INTESTINO: As fibras insolúveis têm a capacidade de inchar e retardar a digestão. Elas aumentam o peso e o volume das fezes, promovendo a evacuação. As fibras solúveis se dissolvem em contato com líquidos e formam um gel que, retardando a velocidade de absorção dos carboidratos, reduz o pico de açúcar no sangue. Elas ainda reduzem a absorção de gorduras e de colesterol, além de contribuírem para a sensação de saciedade. As fibras solúveis têm menor poder de impulsionar o trânsito intestinal que as fibras insolúveis.

POR QUE O AÇÚCAR VICIA?

Todos os açúcares têm o superpoder de agradar nossas papilas gustativas, e isso ocorre desde que nascemos e recebemos o leite materno. O açúcar estimula a secreção de dopamina, o hormônio da felicidade. Gostamos tanto desse sabor que, na agricultura, a seleção das espécies hibridizadas foi feita durante séculos de acordo com o sabor adocicado obtido.

O QUE SIGNIFICA PICO DE GLICOSE NO SANGUE?

Quando falamos em açúcar, geralmente pensamos na noção de açúcar rápido e açúcar lento, e os classificamos da seguinte forma: açúcar rápido = carboidrato simples; açúcar lento = carboidrato complexo. Mas, na verdade, essa questão não é tão simples assim.

O pico de glicose é semelhante a uma montanha-russa: sobe muito rápido e desce ainda mais! Isso acontece quando consumimos alimentos ricos em carboidratos, que são decompostos em glicose, a qual nosso sangue absorve rapidamente. Se comermos muito desses alimentos de uma só vez, nossos níveis de açúcar no sangue podem disparar.

E então começamos a sentir a queda: cansaço, irritação, sede e fome. Mas não entre em pânico! Para evitar esses altos e baixos, coma alimentos ricos em fibras, proteínas e gorduras saudáveis, que são digeridos mais lentamente e evitam picos de açúcar no sangue.

Como bônus, a prática regular de exercícios aumenta nossa sensibilidade à insulina, um hormônio que ajuda regular os níveis de açúcar no sangue. É quase como ter um super-herói no corpo para nos ajudar a manter um nível de energia estável durante o dia todo!

Portanto, para não embarcar na montanha-russa e seguir por uma ladeira suave e agradável, você só precisa se alimentar de forma saudável, movimentar o corpo e ficar de olho no nível de açúcar no sangue. E assim poderá aproveitar a vida sem temer o pico de glicemia!

SAIBA+

O nutricionista Michel Montignac foi o primeiro a utilizar o conceito de índice glicêmico como uma estratégia para o emagrecimento, nos anos 1980. Assim, ele estabeleceu a relação entre o consumo de produtos de alto IG com doenças cardiovasculares, obesidade e diabetes.

O QUE É O ÍNDICE GLICÊMICO?

É a capacidade de um alimento de liberar rapidamente glicose no sangue. Quanto mais alto o IG, mais o alimento libera uma quantidade significativa de "açúcar" (glicose) no sangue. Esse é o açúcar "rápido".

Pronto! Essa descarga desencadeia a liberação de insulina, que terá a função de acompanhar a glicose em excesso para o fígado e os músculos – e, se a quantidade for muito grande, para o tecido adiposo.

IMPORTANTE

Diversas ações contribuem para a variação do índice glicêmico de um alimento. O IG muda se o alimento for cozido ou processado. A ordem de consumo dos alimentos também pode reduzir significativamente o açúcar no sangue; assim como adicionar gordura e fibra contribui para alterá-lo.

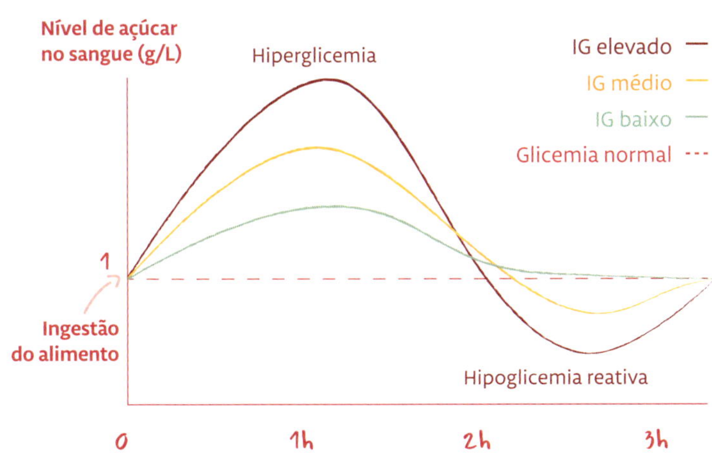

QUAIS SÃO OS DANOS CAUSADOS PELO AÇÚCAR?

Não vamos mentir: uma sucessão de picos e quedas de açúcar no sangue não favorece a saúde. No curto prazo, essas variações provocam fome constante, fadiga crônica, enfraquecimento do sistema imunológico, ondas de calor, enxaquecas ou ainda problemas de memória. No longo prazo, elas podem levar a ganho de peso, problemas de pele recorrentes, envelhecimento acelerado, risco aumentado de câncer, transtornos depressivos ou o surgimento da diabetes tipo 2.

Em suma, ao longo da curva glicêmica ascendente e descendente, o corpo é seriamente prejudicado. Felizmente, existem soluções para controlar essa variação.

COMO MANTER UM ÍNDICE GLICÊMICO BAIXO?

Embora o açúcar seja frequentemente criticado por seus efeitos nocivos ao organismo, existem muitas soluções para evitá-los:

SOLUÇÃO 1: REDUZIR A QUANTIDADE DE AÇÚCAR NAS RECEITAS

SOLUÇÃO 2: ADICIONAR FIBRAS

As fibras são as melhores parceiras na manutenção do equilíbrio dos níveis de açúcar no sangue. Elas fazem parte da mesma família do açúcar, mas são a sabedoria encarnada, e você entenderá rapidamente o porquê. Quando carboidratos simples e o amido aumentam o nível de açúcar no sangue, fazendo com que o corpo experimente os efeitos da montanha-russa, basta chamar uma prima para ajudar. Há sempre uma aliada valiosa na família: aqui é a fibra.

Elas não são digeridas nem absorvidas pelo organismo e não têm valor nutricional, mas desempenham vários papéis importantes (dependendo do tipo, destacaremos sua ação complementar com o "açúcar" mais adiante nesta obra).

Onde as encontramos? Em vegetais, frutas, farinhas integrais ou mesmo em certos suplementos alimentares, como o psílio. Portanto, basta enriquecer as receitas com esses ingredientes!

SOLUÇÃO 3: VARIAR OS AÇÚCARES

Como vimos, existe uma grande variedade de açúcares, com diferentes benefícios nutricionais e índices glicêmicos que variam de 0 a 100.

Quando variamos os açúcares e privilegiamos aqueles com IG baixo e médio, nosso metabolismo agradece. Essa regra de ouro também se aplica ao meio ambiente: é bom promover uma agricultura plural, e não limitada apenas a um único produto.

SOLUÇÃO 4: ESCOLHER UM MODO DE COZIMENTO MAIS SUAVE

O IG varia dependendo do método de processamento e cozimento. Então, por que não optar, quando possível, pelo cozimento em baixa temperatura, a vapor ou preferir uma massa crua?

A BATALHA DOS AÇÚCARES

Índice glicêmico, nível de carboidratos, notas aromáticas... Esta tabela lhe permitirá saber tudo sobre os diferentes tipos de açúcar em um piscar de olhos!

Índice glicêmico: Alto (>70) · Médio (30-60) · Baixo (<30)

Aportes nutricionais (por 100g)

Açúcar (Origem)	Índice glicêmico	Poder adoçante	Notas aromáticas	Fibras	Carboidratos (em g)	Dos quais, açúcares
Açúcar de beterraba (Beterraba-sacarina)	70	1	Gosto neutro	0	99,8	99,8
Xarope de yacon Adoçante natural (Batata yacon)	1	1,5	Mel	26,9	35,4	5,8
Lúcuma Adoçante natural (Árvore *Pouteria lucuma*)	25	0,5	Frutado e caramelo	20	66,7	17,1
Açúcar de tâmara Adoçante natural (Tâmara)	50	1,7	Caramelo (leve)	5	77	72
Xarope de kitul Adoçante natural (Caule de flor de kitul)	49	1	Caramelo	0	68,1	67,2
Xilitol Adoçante natural (Seiva de bétula)	7	1 a 3	Gosto neutro	0	100	0,4
Açúcar de coco Adoçante natural (Seiva da flor do coqueiro)	30	1,2	Caramelo	0	90	77
Xarope de bordo Adoçante natural (Seiva do bordo)	65	1,5	Caramelo (leve)	0	67,1	62,6

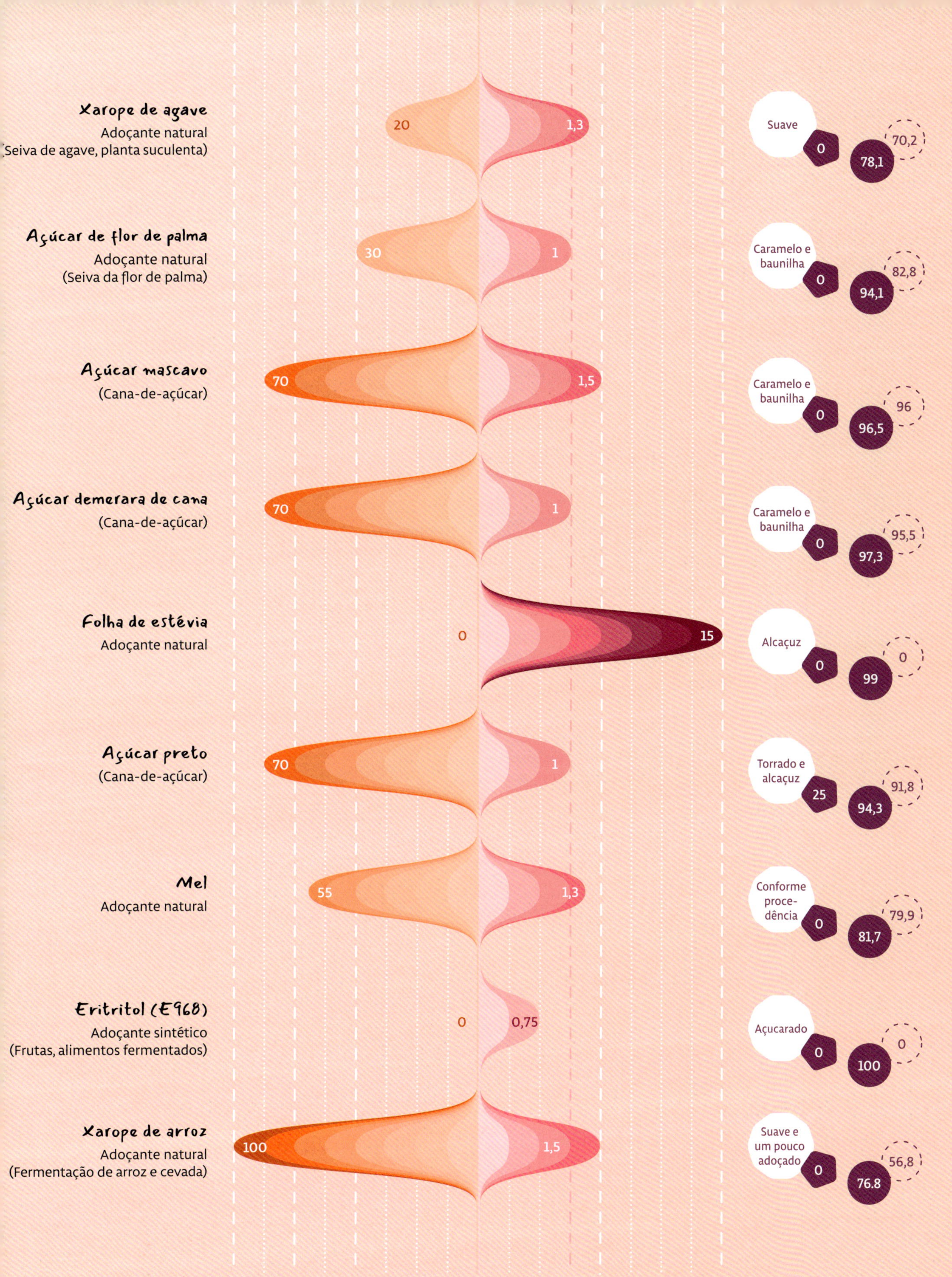
Xarope de agave
Adoçante natural
(Seiva de agave, planta suculenta)
20
1,3
Suave
0
78,1
70,2
Açúcar de flor de palma
Adoçante natural
(Seiva da flor de palma)
30
1
Caramelo e baunilha
0
94,1
82,8
Açúcar mascavo
(Cana-de-açúcar)
70
1,5
Caramelo e baunilha
0
96,5
96
Açúcar demerara de cana
(Cana-de-açúcar)
70
1
Caramelo e baunilha
0
97,3
95,5
Folha de estévia
Adoçante natural
0
15
Alcaçuz
0
99
0
Açúcar preto
(Cana-de-açúcar)
70
1
Torrado e alcaçuz
25
94,3
91,8
Mel
Adoçante natural
55
1,3
Conforme proce-dência
0
81,7
79,9
Eritritol (E968)
Adoçante sintético
(Frutas, alimentos fermentados)
0
0,75
Açucarado
0
100
0
Xarope de arroz
Adoçante natural
(Fermentação de arroz e cevada)
100
1,5
Suave e um pouco adoçado
0
76.8
56,8

CAPÍTULO 3

Leites, iogurtes e cremes

INTRODUÇÃO

Leite e creme! Dois ingredientes presentes na confeitaria desde suas origens.

Embora seja difícil datar as primeiras criações baseadas nesses laticínios, sabemos que o consumo do leite de origem animal remonta às primeiras criações de gado, quando o ser humano caçador-coletor se torna sedentário e passa a domesticar os animais. Tudo isso aconteceu no Período Neolítico.

Hoje, ainda que o leite e o creme continuem sendo apreciados pelos confeiteiros, tais ingredientes viram entrar para a família produtos provenientes de vegetais. Leite de coco, bebida de aveia, creme de soja e ainda o iogurte de leite de amêndoa foram introduzidos às receitas. Esse mercado emergente é apoiado pela demanda de consumidores intolerantes à lactose ou que preferem uma dieta baseada em vegetais.

O que esses novos ingredientes trazem para a confeitaria? Qual é seu interesse gustativo? Quais são suas características técnicas? Qual é seu aporte nutricional?

Responderemos a todas essas perguntas neste capítulo.

Bebida de
espelta
Bebida de
avelã
aveia

Bebida de arroz
Leite de amêndoa

Leites

Embora o leite de vaca seja tradicionalmente muito utilizado na confeitaria, hoje podemos combiná-lo com bebidas vegetais e até mesmo substituí-lo com facilidade por elas nas receitas. Mas vale dizer que, ainda que o aporte hídrico desses "leites" seja quase o mesmo, eles são muito diferentes em termos nutricionais.

VALOR NUTRICIONAL DO LEITE DE VACA INTEGRAL

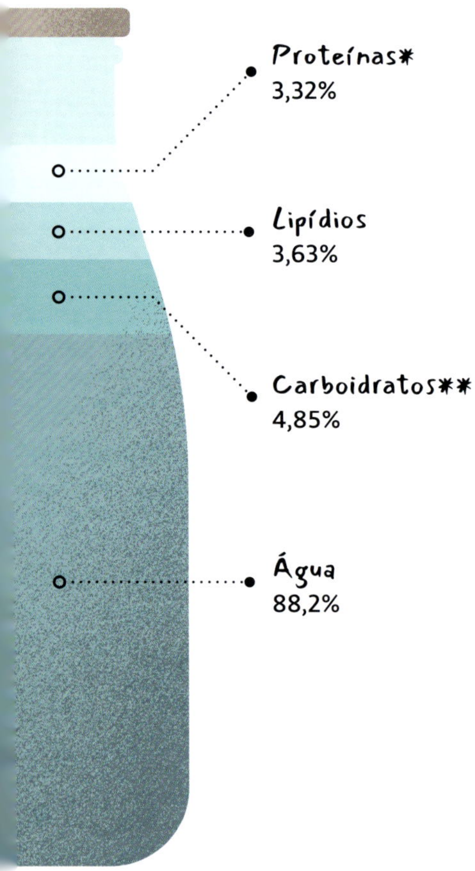

* Principalmente a caseína.

** Principalmente a lactose (o açúcar do leite).

As composições nutricionais dos leites aqui apresentados são similares, mas com teores diferentes.

Leites de origem animal

IMPORTANTE
Usaremos como referência apenas o leite integral, e não os leites desnatado e semidesnatado. Apesar de conterem menos gorduras, são mais pobres em vitaminas e minerais.

LEITE DE VACA INTEGRAL, O MAIS USADO

Aportes nutricionais > Rico em proteínas (caseína), é quase sempre bem tolerado. Seu nível de ácidos graxos saturados é alto, enquanto o de insaturados é mais baixo. A qualidade e quantidade do leite produzido dependem da composição da alimentação das vacas (a composição de cereais, capim, etc.). É um leite rico em cálcio, fósforo, potássio e magnésio. Contém ainda lactose, que não é adequada para pessoas intolerantes ou alérgicas a esse carboidrato.

Utilização > Na confeitaria, esse ingrediente, muito rico em água, ajuda a hidratar cremes, massas e sorvetes. Seu sabor é adocicado e suave.

LEITE DE CABRA INTEGRAL, O MAIS SABOROSO

Aportes nutricionais > O leite de cabra contém vitaminas A, B e C. É mais rico em minerais (cálcio, fósforo e magnésio) do que o leite de vaca, mas tem a mesma quantidade de proteína.

Utilização > Pode ser utilizado em sorvetes, bolos ou cremes. Seu sabor é muito pronunciado.

LEITE DE OVELHA INTEGRAL, O MAIS RICO

Aportes nutricionais > O leite de ovelha fornece vitaminas e minerais relevantes, como vitamina C e cálcio, mas seus aportes de proteínas e gorduras são mais importantes do que em outros leites.

Utilização > Seu sabor é mais suave do que o do leite de cabra. É usado da mesma maneira que os demais leites (nos mesmos tipos de receita).

Bebidas vegetais

Diante da grande variedade de bebidas vegetais, apresentaremos aqui os aportes nutricionais dos ingredientes compostos de 10% de cereais, oleaginosas ou leguminosas e 90% de água.

COMO UTILIZAR AS BEBIDAS VEGETAIS?

Com exceção do leite de coco, todas elas podem substituir o leite de vaca. O leite de coco, por sua vez, deve ser combinado com uma bebida vegetal mais aquosa.

IMPORTANTE
O termo "leite" é reservado ao leite animal. A expressão "leite vegetal" é, portanto, uma forma indevida. A legislação francesa, por exemplo, exige que as marcas nomeiem seus produtos como "sucos" ou "bebidas". Apenas o leite de coco e o leite de amêndoa podem utilizar essa denominação já consagrada pelo uso.

LEITE DE AMÊNDOA, O MAIS COMUM

Aportes nutricionais > Trata-se de uma bebida vegetal de baixo teor calórico e de açúcar. As poucas gorduras que contém são ácidos graxos mono e poli-insaturados. O leite de amêndoa não é tão rico em cálcio quanto a amêndoa inteira.

Características > De cor branca, levemente translúcida, com pigmentos marrons devido à casca da amêndoa, esse leite tem sabor suave.

BEBIDA DE AVEIA, A MAIS SUAVE

Aportes nutricionais > Por ser desprovida de cálcio e vitamina D, muitos fabricantes enriquecem a bebida de aveia com esses dois elementos. Além disso, contém pouquíssimos lipídios. Por outro lado, é mais doce que as demais bebidas vegetais. Contém também uma pequena quantidade de glúten.

Características > Com sabor próximo ao do leite de vaca, essa bebida de cor creme tem uma textura mais cremosa que a do leite de amêndoa.

BEBIDA DE CASTANHA, O EQUILÍBRIO PERFEITO

Aportes nutricionais > A bebida de castanha é rica em ácidos graxos monoinsaturados, além de ser uma boa fonte de cálcio, fibras, minerais, oligoelementos e vitaminas.

Características > Essa bebida vegetal é marrom e translúcida. Sua utilização confere harmonia às preparações e um sabor marcante de castanha.

LEITE DE COCO, O MAIS ESPESSO

Aportes nutricionais > Tem grande quantidade de minerais e vitaminas, como ferro, fósforo, cálcio, magnésio e potássio, nutrientes essenciais para o bom funcionamento do corpo. Como o leite de vaca, é rico em ácidos graxos.

Características > De cor branca opaca, apresenta textura mais espessa que a do leite de vaca. Seu sabor é de coco.

VALOR NUTRICIONAL DE UMA BEBIDA VEGETAL

COMPOSIÇÃO

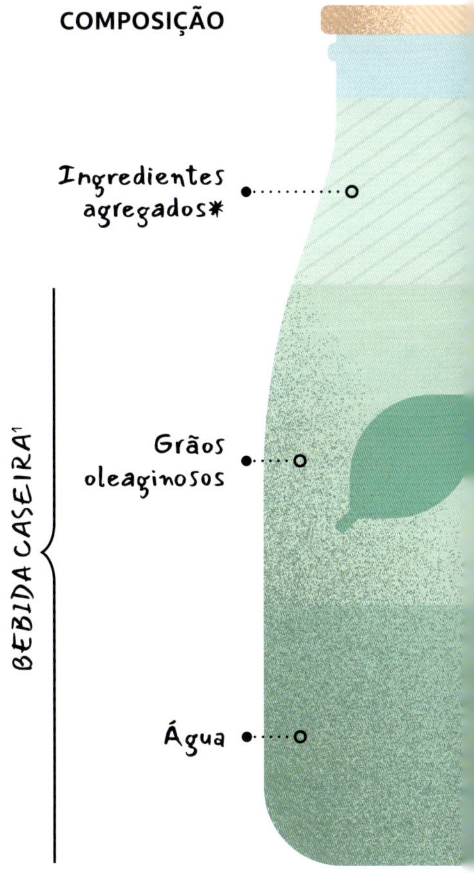

* **Apenas em bebidas industrializadas.** É possível encontrar açúcar (em suas diferentes formas), óleo, sal e aditivos (como lecitina de girassol, carragenina, ágar-ágar e goma guar, etc.).

[1] Ver receita em "Receitas de base".

BEBIDA DE ESPELTA, A MAIS SABOROSA

Aportes nutricionais > Essa bebida tem baixo teor de ácidos graxos saturados, mas cuidado com a sensibilidade ao glúten: o trigo-vermelho contém uma pequena quantidade desse composto.

Características > É de cor marrom-clara e tem sabor adocicado, marcado pelas notas aromáticas do cereal, levemente torrado.

BEBIDA DE AVELÃ, UMA BOMBA ANTIOXIDANTE

Aportes nutricionais > A bebida de avelã é rica em ácidos graxos monoinsaturados e ômega-3 poli-insaturado. Contém ainda vitaminas A e E, que são antioxidantes, além de cálcio e fósforo.

Características > De cor castanho-clara opaca, é muito aromática, com sabor levemente tostado.

BEBIDA DE QUINOA, A MAIS COMPLETA

Aportes nutricionais > A bebida de quinoa dispõe de uma quantidade significativa de proteínas, e ainda contém todos os aminoácidos essenciais! Além disso, tem poucas calorias e muitos benefícios, sendo fonte de fibras, minerais e ácidos graxos essenciais ao nosso corpo.

Características > A bebida apresenta cor branca e notas levemente terrosas que não agradam a todos os paladares.

BEBIDA DE ARROZ, LEVEMENTE ADOCICADA

Aportes nutricionais > A composição da bebida de arroz é muito rica em carboidratos simples (açúcar rápido) e contém uma pequena quantidade de fibras, como a bebida de soja.

Características > Tem coloração branca translúcida e textura bastante líquida. Seu sabor é levemente adocicado.

BEBIDA DE TRIGO-SARRACENO, UM FESTIVAL DE BENEFÍCIOS

Aportes nutricionais > A bebida de trigo-sarraceno é uma boa fonte de proteína. Famoso, esse ingrediente é rico em antioxidantes e carboidratos, principalmente amido e fibras.

Características > Apresenta cor creme, notas de avelã e sabor torrado.

BEBIDA DE SOJA, PROTEÍNA E FIBRA

Aportes nutricionais > A bebida de soja tem quase a mesma quantidade de proteínas que o leite de vaca. Além disso, ao contrário da maioria das bebidas vegetais, contém uma pequena quantidade de fibra, além de ser rica em ácidos graxos monoinsaturados e poli-insaturados.

Características > É de cor branca. Por ser abundante em proteínas, é popular em receitas de vegetais, pois tem poder emulsificante, sendo frequentemente usada em cremes. Seu sabor pronunciado se evidencia nas preparações.

Iogurtes

Os iogurtes conquistaram o seu lugar na confeitaria. Eles são utilizados para dar maciez a massas, cremosidade à textura de sorvetes ou mesmo de mousses, às quais confere também um sabor ácido e leitoso associado à adição de fermentos.

Já as alternativas vegetais recebem apenas a adição de amido ou de espessantes para estabilização da textura. Seguindo o exemplo dos leites, os iogurtes também se diversificaram para atender à crescente demanda por produtos sem lactose e/ou de origem vegetal.

FERMENTOS LÁCTICOS

Os iogurtes são feitos com dois tipos de ingrediente: leite e fermentos lácticos, os quais respondem pelos simpáticos nomes de *Streptococcus thermophilus* e *Lactobacillus bulgaricus*. O consumo desses fermentos, acredita-se, promove um aumento dos níveis do colesterol bom (colesterol HDL). Além disso, esses "benfeitores" são probióticos, ou seja, contribuem para o bom funcionamento da microbiota intestinal, facilitando a digestão, ajudando a evitar o inchaço e fortalecendo o sistema imunológico!

Iogurtes de origem animal

IOGURTE NATURAL

Composição > O iogurte vem do leite (desnatado, líquido, concentrado, em pó) submetido a um tratamento térmico (pasteurização) e a um processo de fermentação por bactérias. Pode ser feito com leite de vaca, cabra ou ovelha.

Aportes nutricionais > O iogurte é uma fonte de proteína animal de muito boa qualidade, com pequeno teor de gordura e carboidratos simples. É também uma excelente fonte de cálcio.

Utilização > Com uma textura que vai da cremosa à firme, dependendo do processo de fermentação, o iogurte proporciona maciez a bolos e biscoitos. Também pode ser encontrado em receitas de mousse, pudim, cheesecake e, obviamente, no famoso bolo de iogurte.

COMPOSIÇÃO DO IOGURTE DE ORIGEM ANIMAL

QUEIJO BRANCO

Composição > O queijo branco resulta da fermentação do leite coagulado por ácidos ou fermentos lácticos, incluindo uma enzima chamada coalho. Em seguida, é drenado, batido e moldado.

Aportes nutricionais > É rico em proteínas e fornece todos os aminoácidos essenciais, sendo perfeitamente assimilado pelo organismo. Tem ainda uma quantidade significativa de cálcio e vitaminas A, B e D. Contém mais proteínas, mas menos probióticos, que o iogurte.

Utilização > Apresenta textura mais espessa e sabor mais ácido que o iogurte. Ambos podem ser utilizados nos mesmos tipos de receita.

Iogurtes vegetais

Também chamados de "alimentos vegetais", se apresentam com textura similar à do iogurte fermentado e cor levemente creme. Um último ponto em comum: os fermentos dão a eles um sabor ligeiramente ácido. Todos são alternativas interessantes ao iogurte clássico, podendo ser usados nas mesmas receitas.

ALIMENTO VEGETAL À BASE DE LEITE DE AMÊNDOA

Aportes nutricionais > Apresenta a vantagem de ter teor energético inferior ao do iogurte de leite de vaca. Além disso, contém mais lipídios, originários da gordura do ingrediente cru, a amêndoa.

ALIMENTO VEGETAL À BASE DE LEITE DE COCO

Aportes nutricionais > Embora seja muito mais rico em lipídios saturados do que o iogurte de leite de vaca, esse ingrediente contém menos proteína e cálcio do que o chamado iogurte natural clássico. No entanto, contém uma boa quantidade de ferro, fósforo, magnésio e potássio. Como os iogurtes de origem animal, é provido de bactérias boas, que são misturadas ao leite durante a fabricação: os probióticos.

COMPOSIÇÃO DO IOGURTE VEGETAL

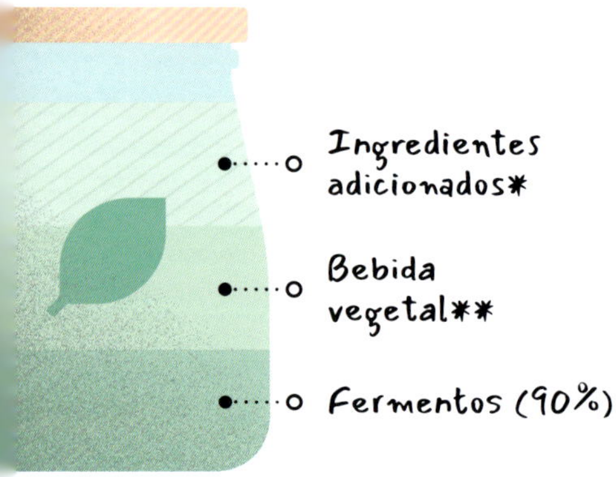

* Podem ser açúcar (em diferentes formas), óleo, sal e aditivos (como lecitina de girassol, carragenina, ágar-ágar e goma guar).

** À base de oleaginosas, cereais e leguminosas.

ALIMENTO VEGETAL À BASE DE BEBIDA DE SOJA

Aportes nutricionais > É feito da bebida de soja e contém proteínas vegetais, ácidos graxos insaturados e fibras. As proteínas da soja são bem assimiladas pelo organismo graças à presença de todos os ácidos aminoácidos essenciais.

PEQUENO CONSELHO
Recomenda-se não exceder o consumo de dois produtos de soja por dia. Estudos científicos ainda estão em andamento, mas suspeita-se que as isoflavonas contidas na soja sejam um verdadeiro desregulador endócrino. Portanto, por cautela, enquanto aguardamos novas recomendações, é mais prudente limitar a ingestão diária de soja, em especial mulheres grávidas, bebês em fase de amamentação e crianças menores de 3 anos.

TOFU MACIO

Composição > O tofu macio corresponde ao leite de soja coagulado com sal nigari, um cristal natural de cloreto de magnésio marinho. A massa não é drenada nem prensada, o que dá a ela uma textura macia, gelatinosa e úmida.

Aportes nutricionais > É uma excelente fonte de proteína vegetal e também de ferro, fósforo, cálcio e vitamina B. Além disso, não contém colesterol e é quase livre de lipídios ou ácidos graxos saturados.

Utilização > Sua aparência lembra a da panna cotta. Pode substituir os ovos em uma receita, dando liga a cremes, bolos e sorvetes, garantindo muita textura. Seu sabor é neutro.

Cremes

O que seria da confeitaria sem o chantili, esse delicioso creme batido que encontramos em diversos preparos, como na famosa babá ao rum, nas taças de sorvete ou no bolo saint-honoré?

Ingrediente fundamental da nossa profissão, o creme está em toda parte: nas receitas de ganache, de sorvete... Graças às suas muitas qualidades, ele possibilita fazer decorações, criar formas inovadoras e montar bolos com vários andares. Agora, os "cremes" vegetais também estão no mercado. Vamos conhecer essa família...

Cremes de origem animal

CREME DE LEITE FRESCO NÃO PASTEURIZADO

Composição > O creme de leite fresco é um creme pouco processado, correspondendo apenas à desnatação do leite fresco.

Aportes nutricionais > Devido ao baixo processamento, o creme de leite fresco ainda preserva quase todas as vitaminas (A e B9) e minerais (cálcio) do leite. Aliás, é preciso ter em mente que transformações e processos térmicos alteram os teores de vitaminas e minerais dos alimentos. É o creme mais rico em lipídios entre todos os listados aqui.

Utilização > Sua textura é espessa e seu sabor muito pronunciado. Tem vida útil de poucos dias. Pode ser consumido com tortas ou transformado em chantili para acompanhar uma sobremesa.

CREMES DE LEITE POPULARES NA FRANÇA

CREME FLEURETTE

Composição > É um creme que passou por um único tratamento: pasteurização (sem esterilização, fermentação ou maturação). Deve conter pelo menos 30% da gordura do próprio leite.

Aportes nutricionais > Encontramos nele uma boa quantidade de vitamina A. O produto é processado o mínimo possível, o que preserva a maioria das vitaminas e minerais (ainda que em quantidades inferiores às do creme cru). Um terço da composição do creme fleurette corresponde à gordura, composta majoritariamente de ácidos graxos saturados.

Utilização > Sua textura é líquida e seu sabor é levemente ácido e leitoso. Pode compor todos os tipos de receita da confeitaria.

CREME FRAÎCHE ÉPAISSE

Composição > Não é submetido a nenhum tratamento térmico além da pasteurização. Passa por fermentação láctica, o que lhe dá uma textura cremosa.

Aportes nutricionais > Como o creme fleurette, oferece boa quantidade de vitamina A, magnésio, fósforo, cálcio e potássio. O creme fraîche épaisse contém 30% de gordura, a maior parte composta de ácidos graxos saturados.

Utilização > Creme de sabor muito ácido e lácteo, é espesso e utilizado como base para bolos, proporcionando maciez. Pode ser encontrado em sorvetes e como acompanhamento de preparos como tarte tatin ou mesmo de outros cremes.

Cremes de origem vegetal

São encontrados comercialmente sob a designação "creme culinário", por exemplo, "creme culinário de amêndoa" e "creme culinário de coco".

Não têm a mesma composição nutricional dos cremes de origem animal. Embora sejam facilmente usados como substitutos em uma ganache ou molho cremoso, tornam mais difícil a obtenção de uma textura estável, como a do chantili.

Para saber mais sobre aditivos e seu consumo, veja o Capítulo 9.

COMPOSIÇÃO

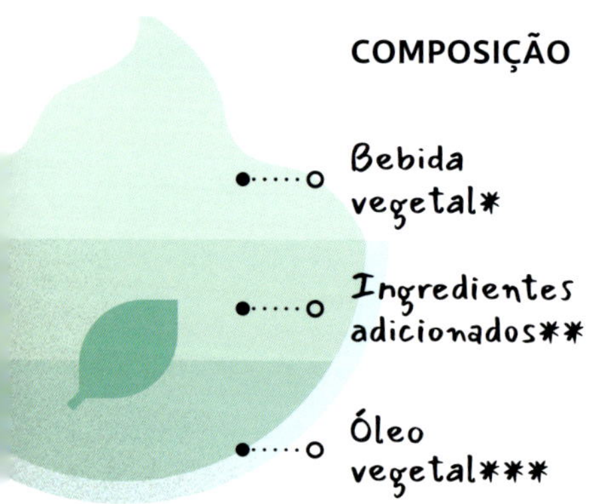

* À base de oleaginosas, cereais ou leguminosas.

** Diferentes conforme as marcas. Podem ser: espessantes: lecitinas, goma guar, goma xantana, carragenina; emulsionantes: lecitinas; outros: sal, açúcar de cana, xarope de agave, xarope de trigo.

***Óleo de girassol ou de canola.

CREME CULINÁRIO DE AVEIA

Aportes nutricionais > O creme de aveia fornece fibras e minerais essenciais, como o magnésio, e também carboidratos. Na maioria dos casos, não contém glúten.

Utilização > Devido à textura cremosa, é utilizado nas mesmas preparações que o creme de leite fresco, mas não é tão versátil como o creme fleurette. Seu sabor neutro possibilita a combinação com outros sabores.

CREME CULINÁRIO DE COCO

Aportes nutricionais > São semelhantes aos do leite de coco: magnésio, cálcio e fósforo. Também contém ácidos graxos saturados, como o creme fresco de origem animal.

Utilização > De cor branca, se apresenta com textura espessa e intenso sabor de coco, às vezes um pouco amargo. Graças ao seu percentual de gordura, é possível obter chantili. A textura ainda permanece flexível.

CREME CULINÁRIO DE SOJA

Aportes nutricionais > O creme de soja é uma excelente fonte de proteína e de ômega-3. Contém boas quantidades de magnésio, cálcio e potássio e vitaminas B1 e B9.

Utilização > É de cor creme e textura untuosa. Também é usado em todas as receitas que contenham creme. Seu sabor é neutro, mas ligeiramente picante.

CREME CULINÁRIO DE AMÊNDOA

Aportes nutricionais > Esse creme fornece proteínas de origem vegetal, mas também ácidos graxos insaturados: ômega-3, 6 e 9.

Utilização > Tem cor branca e textura cremosa. Seu sabor tem leves notas de amêndoa. Serve como aglutinante e/ou espessante em receitas que contenham creme.

CREME CULINÁRIO DE ARROZ

Aportes nutricionais > O creme de arroz é menos gorduroso que o clássico creme fresco. Com alto teor de carboidratos, principalmente amido, fornece muita energia.

Utilização > De cor branca e com textura untuosa, oferece sabor completamente neutro. Ao contrário dos seus homólogos, não é redondo na boca. Pode ser utilizado como substituto do creme clássico.

CAPÍTULO 4

Gorduras

INTRODUÇÃO

As gorduras, também conhecidas como lipídios, fazem parte dos ingredientes essenciais da confeitaria.

Sólidas ou líquidas em temperatura ambiente, apresentam propriedades nutricionais e técnicas muito diferentes quando são misturadas ou aquecidas. Manteiga, margarina, óleo... Cada uma com suas características! Além disso, as gorduras desempenham um papel vital no funcionamento do organismo.

Considera-se que as gorduras proporcionam muitos benefícios à saúde graças à sua composição nutricional rica em ácidos graxos (ômega-3, 6 e 9) e vitaminas (principalmente E e K1). Este capítulo ensinará você a usá-las da melhor maneira.

Óleo de semente de uva
Óleo de girassol
Óleo de macadâmia
Azeite de oliva

Óleo de canola
Óleo de avelã
Óleo de semente de abóbora
Óleo de linhaça

Os ácidos graxos

As gorduras são lipídios constituídos por ácidos graxos. São muitos os ácidos graxos existentes na natureza, bem como são variadas as formas de classificá-los. Aqui, nos concentraremos em três tipos: os ácidos graxos saturados, os ácidos graxos insaturados e os ácidos graxos trans.

> **Os ácidos graxos saturados (AGS)** são sintetizados naturalmente pelo corpo, mas também são encontrados na manteiga e no óleo de coco. São mais estáveis do que os ácidos graxos insaturados e menos sensíveis à oxidação. Embora tenham um grande aporte energético, é preciso ter cuidado: seu consumo excessivo eleva o risco de aparecimento de doenças cardiovasculares. A particularidade deles? Cristalizar em temperatura ambiente.

> **Os ácidos graxos insaturados (AGI)** são muito divulgados porque ajudam a combater os riscos de doenças cardiovasculares. São os nossos maiores aliados nessa família. Você certamente já ouviu falar deles: ômega-3, 6 e 9. Na confeitaria, são encontrados principalmente em sementes e oleaginosas.

Ômega-3

Nossa dieta atual carece significativamente de ácidos graxos ômega-3, o que é uma pena, porque eles oferecem diversos benefícios! Ajudam a aumentar o colesterol "bom", têm efeito anti-inflamatório e auxiliam na prevenção de várias doenças cardiovasculares, neurodegenerativas e psiquiátricas.[1] Além disso, ajudam a reduzir os níveis de colesterol, participam da resposta imunológica e inflamatória e contribuem para a boa saúde da pele. Os ômega-3 fazem parte da família dos ácidos graxos essenciais (AGE), que não são produzidos pelo corpo. Portanto, é preciso obtê-los por meio da alimentação.

Ômega-6

Os ômega-6, assim como os ômega-3, são AGE, devendo ser obtidos pela alimentação. Mas, ao contrário dos ômega-3, tendem a ser consumidos em excesso em nossa dieta moderna, tornando-se pró-inflamatórios e perigosos para a saúde.

Ômega-9

Os ômega-9 podem ser produzidos pelo corpo a partir de outros ácidos graxos, mas seu consumo ainda é recomendado. Eles reduzem os níveis de colesterol LDL (chamado de "ruim") e contribuem para manter ou elevar o nível do colesterol HDL (conhecido como "bom"). Desempenham, assim, um papel benéfico ao funcionamento do coração e dos vasos sanguíneos.

> **Os ácidos graxos trans (AGT)** são ácidos graxos insaturados hidrogenados. Isso quer dizer que são uma mistura de AGI e moléculas de hidrogênio, dessa forma, uma gordura líquida se transforma em sólida, ou pelo menos mais firme, o que aumenta sua conservação. Por esse motivo, encontramos esses ácidos graxos em muitos produtos industrializados e em certas margarinas.

[1] "Les acides gras oméga-3". Agence nationale de sécurité sanitaire de l'alimentation, de l'environnement et du travail (Anses), 21 jul. 2022. Disponível em: https://www.anses.fr/fr/content/les-acides-gras-om%C3%A9ga-3.

Óleos

Azeitona, argan, canola; virgem, hidrogenado, de primeira prensagem... Com tantas variedades, designações e métodos de fabricação diferentes, precisamos de esclarecimentos!

A qualidade de um óleo depende da matéria-prima (frutas, frutos secos, sementes, cereais) escolhida, de como é cultivada, do método de extração do óleo e de sua conservação. Tudo isso determina a qualidade de seus micronutrientes e de seus ácidos graxos funcionais.

Quanto ao aporte nutricional, os óleos são 100% compostos de lipídios. O que os diferencia é a presença de ômega-3, 6 e 9. Eles contêm poucas vitaminas e minerais, sendo encontradas neles somente as vitaminas E e K1, em quantidades diferentes de um óleo para outro.

COMO ESCOLHER O ÓLEO E ARMAZENÁ-LO?

Idealmente, estas são as etapas para selecionar e utilizar os óleos:

1 – ESTÁ TUDO NO RÓTULO!

As menções da origem

- Os tipos de fruta, semente e/ou cereal utilizados
- O local da colheita
- O local do processamento

As diferentes menções de fabricação
As três denominações a seguir garantem um óleo rico em vitaminas, antioxidantes e ácidos graxos insaturados:

> **Primeira prensagem a frio:** Designação que certifica um óleo produzido de forma tradicional, pressionando os frutos e sementes contra um moedor de pedra a temperatura ambiente (< 27 °C), sem adição de produtos químicos. Essa técnica permite extrair o "sumo", que depois é decantado e filtrado para separar a água do óleo.

> **Extração a frio:** Os frutos e sementes são transformados em uma pasta, que é colocada em uma centrífuga para separar o óleo da água e da matéria orgânica. O óleo também deve ser extraído a uma temperatura inferior a 27 °C.

> **Óleo virgem ou extravirgem:** O termo "virgem" indica que o óleo não foi aquecido. Trata-se de uma primeira garantia de qualidade. O teor de ácido oleico de um produto "extravirgem" não deve exceder 0,8%, e o de um "virgem" pode representar até 2% da composição total do óleo. Ou seja, o teor de ácido oleico de um óleo corresponde ao nível de oxidação: uma alta taxa de oxidação pode ser causada por frutas muito maduras ou danificadas durante a transformação. As designações "virgem" ou "extravirgem" são dadas aos melhores azeites.

O que é oxidação? É um processo químico inevitável nos produtos orgânicos, mas que pode ser retardado ou ocorrer de forma mais ou menos acelerada. Os sinais da oxidação do óleo são: tornar-se rançoso, mudar de cheiro, sofrer alterações na cor, formar compostos prejudiciais à saúde (cetonas, peróxidos, hidrocarbonetos).

COMPOSIÇÃO DOS ÓLEOS

Ácidos graxos poli-insaturados ômega-3

Ácidos graxos poli-insaturados ômega-6

Ácidos graxos poli-insaturados ômega-9

Vitamina E

Vitamina K1

- **Óleo refinado:** As sementes e os frutos são aquecidos e o óleo é extraído a quente. O bagaço (pasta) resultante é misturado com um solvente químico para a retirada do óleo residual. A mistura é destilada para remover o solvente e obter o óleo bruto, que é refinado por meio de um tratamento com água quente. Na sequência, vêm a depuração e a secagem. Então, o óleo é descolorido em carvão ativado para, enfim, ser desodorizado e filtrado por injeção de vapor d'água a 180 °C a vácuo. O óleo resultante desse processo não tem mais vitaminas e compostos como ácidos graxos trans, mas apresenta ótima estabilidade ao longo do tempo. Esses óleos são chamados de hidrogenados.

2 – CONSERVAÇÃO: UM DESAFIO MAIOR

As precauções a serem tomadas no armazenamento dos óleos variam dependendo dos ácidos graxos que eles contêm:

- **Os óleos ricos em ômega-3 e 6** devem ser guardados na geladeira, pois são muito sensíveis ao ranço e à oxidação. Armazenar esses óleos em local fresco retarda esses processos, contribuindo para melhor conservação.
- **Óleos ricos em ômega-9 e óleos refinados** devem ser armazenados a temperatura ambiente.

Nos dois casos, opte por recipientes opacos, que protegem os óleos dos efeitos provocados pela luz.

Recapitulando: embora os óleos tenham potencialmente uma composição nutricional muito boa, é importante saber selecioná-los, armazená-los e usá-los com cuidado.

FUNÇÕES DO ÓLEO NA CONFEITARIA

Produto	Relevância técnica do óleo
Brioche	agente de textura (maciez), agente de textura (aglutinante)
Biscoito	agente de textura (maciez), agente de textura (aglutinante)
Bolo	agente de textura (maciez), mantém macia por mais tempo, agente de textura (aglutinante), agente aromatizante (sabor)
Biscoito amanteigado	agente aromatizante (sabor), agente de textura (aglutinante)
Creme	agente aromatizante (sabor), agente de textura (emulsificante)
Mousse	agente aromatizante (sabor), agente de textura (emulsificante)

Os diferentes óleos[2]

Todos os óleos aqui elencados são de origem orgânica e extraídos pelos métodos de primeira prensagem a frio ou extração a frio. As dicas de utilização estão relacionadas às suas propriedades nutricionais.

APORTES NUTRICIONAIS DOS ÓLEOS POR 100 G

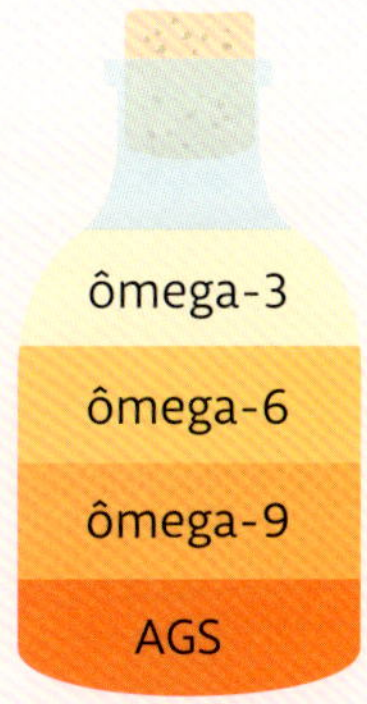

Óleos de sementes

ÓLEO DE AMENDOIM, O MAIS APRECIADO

Origem > Provém do amendoim, fruto de uma planta presente na América do Sul e em regiões tropicais. Os frutos crescem embaixo da terra, depois as vagens contendo a semente são colhidas diretamente do solo.

Aportes nutricionais > Esse óleo é composto de ácidos graxos saturados e insaturados, com uma quantidade muito significativa de ômega-9. Como a maioria dos óleos, tem poder antioxidante devido ao seu teor de vitamina E.

Utilização > Apresenta sabor adocicado, com notas típicas do amendoim. Combina muito bem com chocolate, frutos secos ou mesmo cítricos. Pode ser usado a frio e a quente, até 180 °C.

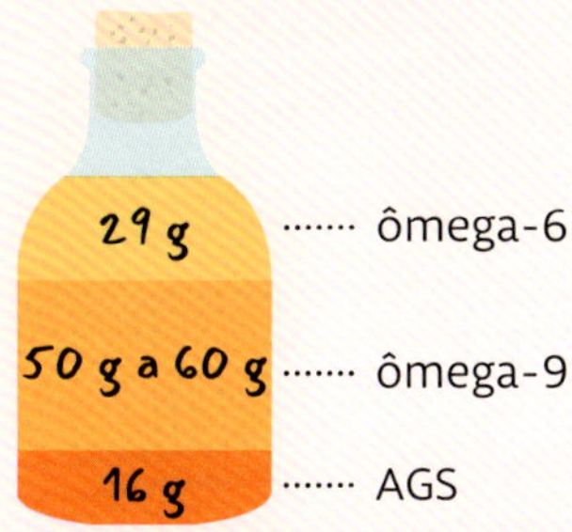

ÓLEO DE CAMELINA, CONCENTRADO EM ÔMEGA-3

Origem > A camelina é uma planta que foi deixada de lado há muito tempo. Atualmente, tem sido cultivada por suas sementes ricas em ácidos graxos.

Aportes nutricionais > É o óleo mais rico em ômega-3 depois do óleo de linhaça, mas apresenta duas vantagens em relação a este último: oxida menos rapidamente e tem sabor neutro. Com seu alto poder antioxidante graças à vitamina E, também é rico em fitosteróis e betacaroteno.

Utilização > O óleo de camelina é suave. Suas notas aromáticas são parecidas com as da avelã e do gergelim. É consumido frio e acompanha bem chocolate, mel ou frutas cítricas.

ÓLEO DE CÁRTAMO, O PRIMO DO GIRASSOL

Origem > É proveniente de uma planta semelhante ao cardo. As sementes são coletadas por sua riqueza em ômega-9.

Aportes nutricionais > Esse óleo é composto de ácidos graxos saturados e insaturados, incluindo uma grande quantidade de ômega-9 e 6. Como a maioria dos óleos, apresenta teores significativos de vitaminas E (antioxidante) e K1.

Utilização > Tem sabor suave e é semelhante ao óleo de girassol. Combina bem com todos os sabores da confeitaria e é utilizado exclusivamente frio.

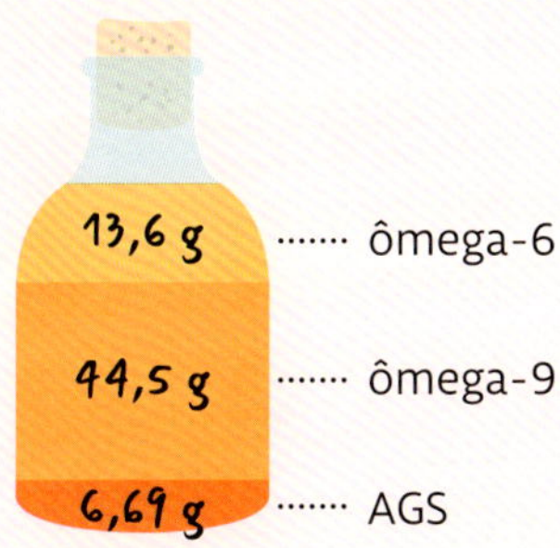

[2] Para todos os valores nutricionais citados: Tabela Ciqual. Anses (2022). Disponível em: https://ciqual.anses.fr/.

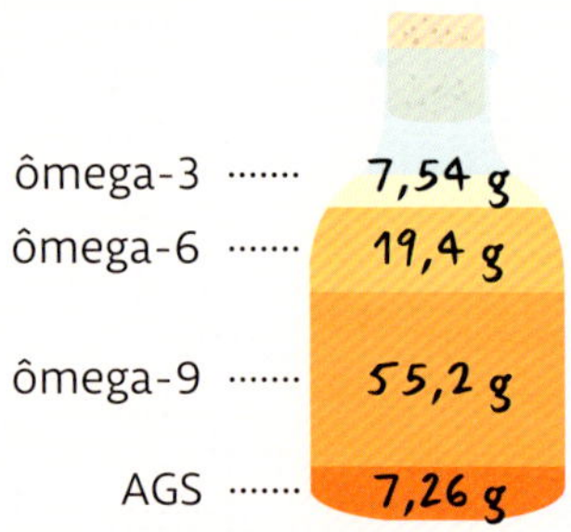

ÓLEO DE CANOLA, BOM PARA TUDO

Origem > Esse óleo vem das sementes de canola, variedade de uma planta conhecida como colza. Pertencentes ao grupo das oleaginosas, as sementes de canola são ricas em gordura.

Aportes nutricionais > Esse óleo é rico em antioxidantes devido à presença de vitamina E e canolol, um poderoso antioxidante específico da canola. Além disso, é composto de ácidos graxos saturados e insaturados, incluindo ômega-9, 6 e 3.

Utilização > Seu sabor é levemente frutado e combina com incontáveis ingredientes porque permanece relativamente neutro quando misturado a uma preparação. É utilizado exclusivamente a frio.

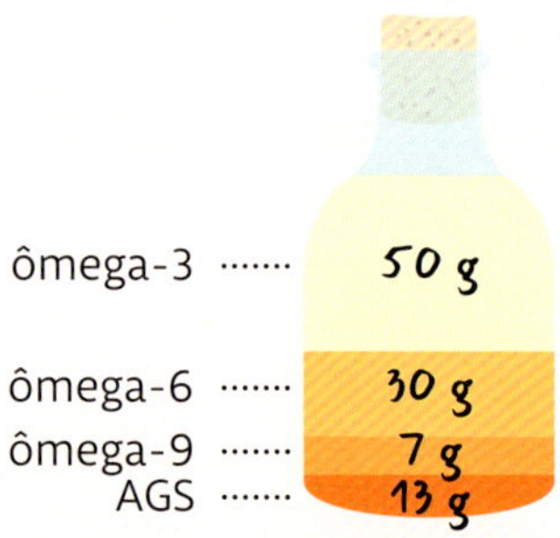

ÓLEO DE INCA INCHI (OU SACHA INCHI), UM ÓLEO QUE MERECE SER CONHECIDO!

Origem > Inca inchi é uma planta encontrada na Floresta Amazônica. O óleo é obtido pela prensagem a frio das sementes em formato de estrela contidas nos frutos.

Aportes nutricionais > Esse é um óleo bastante desconhecido, mas que de fato tem boas quantidades de ômega-3 e 6. É também um dos óleos de elevado poder antioxidante, graças a seu aporte de vitamina E.

Utilização > Seu sabor é suave e herbáceo. Pode ser associado a frutas secas, café ou chocolate.

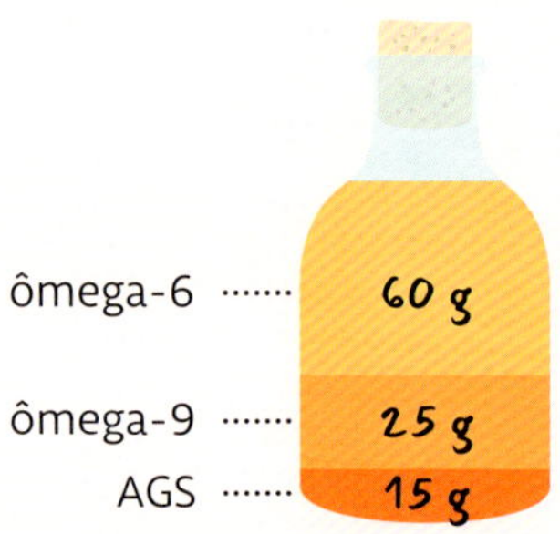

ÓLEO DE COMINHO-PRETO, COM NOTAS DE ESPECIARIAS

Origem > Proveniente da planta chamada nigela ou cominho-preto, o óleo é extraído da semente da planta prensada a frio.

Aportes nutricionais > Apresenta alto teor de ômega-6 e 9 e elevado poder antioxidante, em particular devido à nigelicina, uma substância específica da semente de cominho-preto.

Utilização > Seu sabor é poderoso e picante. É usado em receitas de confeitaria oriental ou com notas apimentadas. Pode ser suavizado quando misturado a um óleo neutro. Combina com frutas de caroço como damasco, ameixa-amarela ou pêssego e frutas vermelhas. É usado frio.

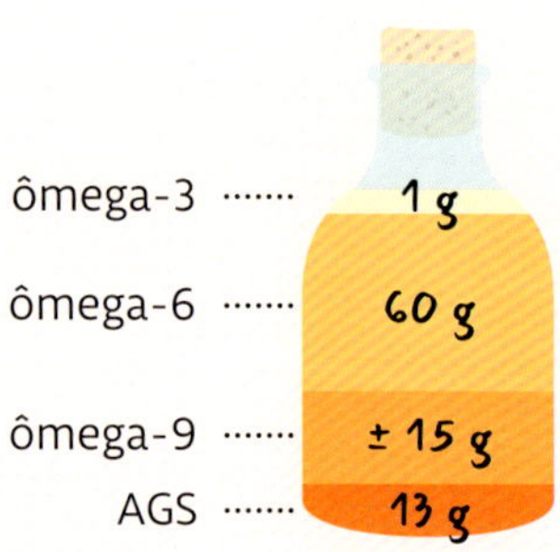

ÓLEO DE PAPOULA-AZUL, O ÓLEO PARA TERAPIAS SUAVES

Origem > O óleo de semente de papoula, também chamado de óleo de papoula-tibetana, é oriundo de uma planta muito popular na medicina ayurvédica. É encontrado no Himalaia, no Tibete, onde vários nomes podem designar a mesma semente. Não deve ser confundida com a papoula-dormideira, que é usada para fazer ópio, composto de um alcaloide semelhante à morfina.

Aportes nutricionais > Esse óleo é composto de ácidos graxos saturados e insaturados, incluindo ômega-9, 6 e 3.

Utilização > Com sabor sutil, entre o pinhão e a avelã, combina muito bem com limão-siciliano, frutas vermelhas e pera. Só é usado frio.

ÓLEO DE SEMENTE DE UVA, ADORADO PELOS CONFEITEIROS!

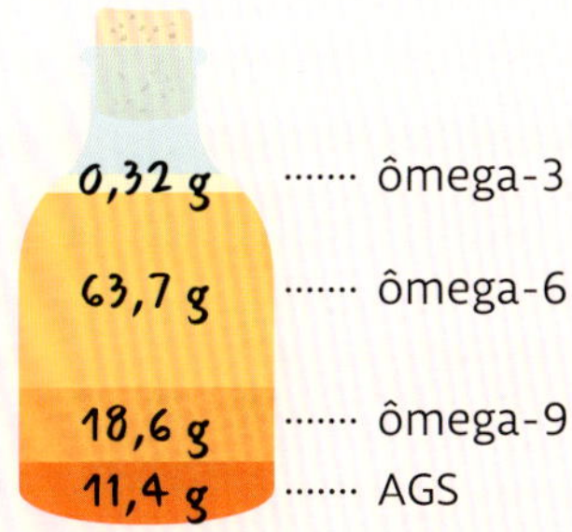

Origem > Esse óleo é proveniente do resíduo (bagaço) da produção de vinho. Conta-se que Fernando IV, rei da Espanha, o descreveu como óleo real. É um óleo muito comum na culinária e na confeitaria.

Aportes nutricionais > Contém ácidos graxos saturados e insaturados, incluindo ômega-9, 6 e 3. Destaca-se por oferecer uma pequena quantidade de potássio, o que é bastante raro entre os óleos![3]. (Veja os efeitos do potássio no corpo no final da parte "Famílias de ingredientes".)

Utilização > Por ser neutro, é um coringa para todas as receitas, o que o faz popular entre os confeiteiros. Pode ser aquecido até 160 °C ou usado frio. Assim como o óleo de girassol, é utilizado em todos os tipos de preparação.

ÓLEO DE GERGELIM, O MAIS EXÓTICO

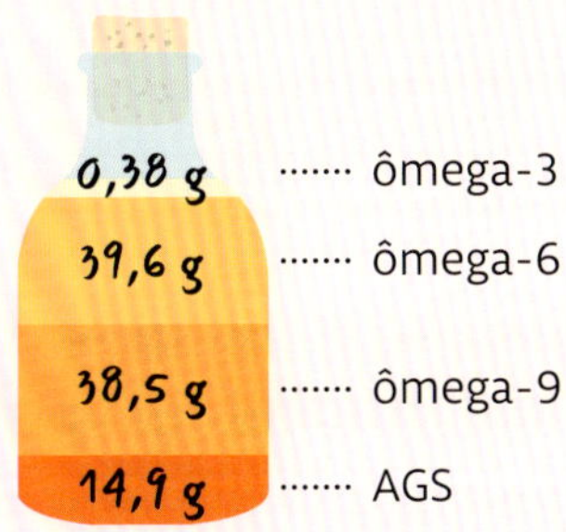

Origem > O óleo de gergelim é oriundo de uma planta aromática que cresce em regiões tropicais da África e da Ásia. Embora algumas vezes as sementes sejam torradas previamente, é preferível selecionar um óleo de sementes não torradas, porque ele mantém todos os seus benefícios.

Aportes nutricionais > Esse óleo contém ácidos graxos saturados e insaturados, incluindo ômega-9. Contém ainda ômega-3 e 6, mas pouquíssima vitamina E, ao contrário da maioria dos óleos.

Utilização > Com sabor forte, acompanha muito bem chocolate, caramelo, limão-siciliano e nozes. É utilizado exclusivamente frio.

ÓLEO DE GIRASSOL, O MAIS COMUM

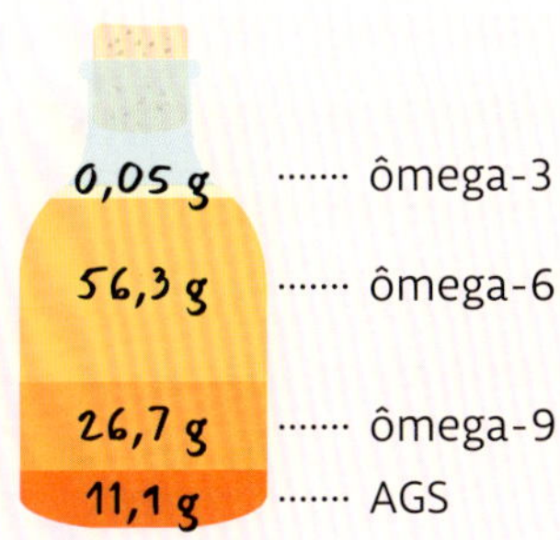

Origem > Esse óleo é produzido a partir das sementes de girassol e é muito difundido na culinária.

Aportes nutricionais > Contém ácidos graxos saturados e insaturados, incluindo ômega-9, 6 e 3. Uma observação para quem não quer adicionar sal às preparações: o óleo de girassol é o mais rico em sódio entre todos os apresentados neste livro[3]. (Veja os impactos do sódio no corpo no final da parte "Famílias de ingredientes".)

Utilização > Assim como o óleo de semente de uva, é frequentemente usado na confeitaria. Quando prensado a frio, seu sabor se apresenta suave e frutado. Só pode ser usado frio e combina com todos os ingredientes porque, uma vez misturado a uma preparação, torna-se neutro.

[3] Tabela Ciqual. Anses (2022). Disponível em: https://ciqual.anses.fr/.

Óleos de frutas e frutas secas oleaginosas

ÓLEO DE AMÊNDOA, O MELHOR AMIGO DAS FRUTAS SECAS

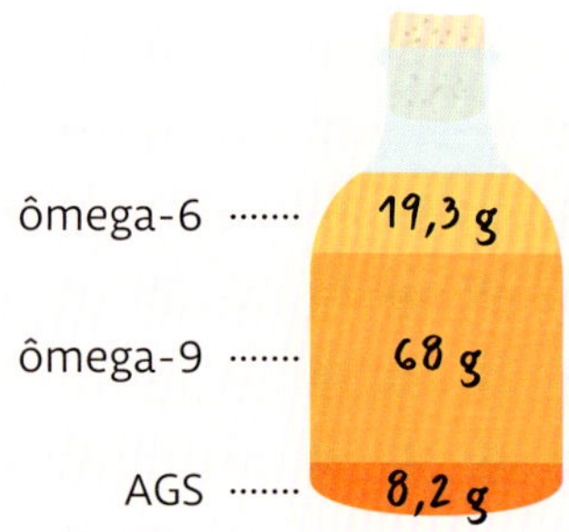

Origem > O óleo de amêndoa é feito de amêndoas doces maduras. Muito difundido na cosmética, hoje é também utilizado na confeitaria e na culinária.

Aportes nutricionais > Esse óleo contém ácidos graxos saturados e insaturados, incluindo ômega-9. Fornece grande poder antioxidante graças à vitamina E (presente na maioria dos óleos).

Utilização > Tem sabor suave, equilibrado e amanteigado. É utilizado exclusivamente a frio. Acompanha bem todas as frutas secas, baunilha e frutas vermelhas.

ÓLEO DE ARGAN, UMA PEPITA VINDA DO MARROCOS

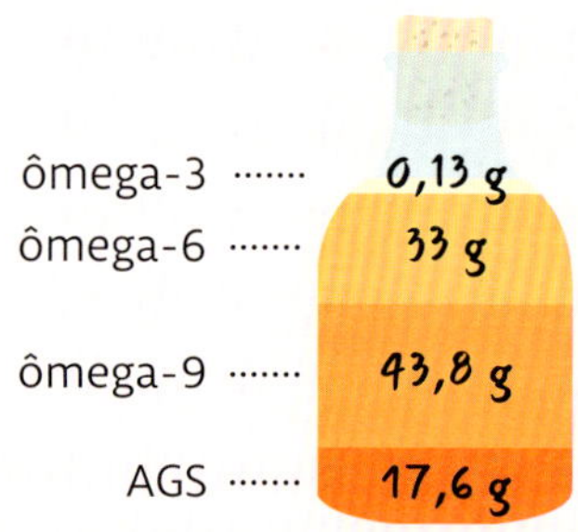

Origem > O óleo de argan é produzido a partir dos frutos da árvore de argan. A produção marroquina recebe a certificação Indicação Geográfica Protegida (IGP), regulamentada pela União Europeia.

Aportes nutricionais > Esse óleo contém ácidos graxos saturados e insaturados, incluindo ômega-9, 6 e 3. Contém ainda polifenóis, que são moléculas antioxidantes.

Utilização > Tem sabor característico próximo ao da avelã torrada, que permanece na boca. É usado frio, como o óleo de amêndoa, porque não suporta o calor. Acompanha bem café, mel e frutas cítricas.

ÓLEO DE ABACATE, O ALIADO DO CHOCOLATE

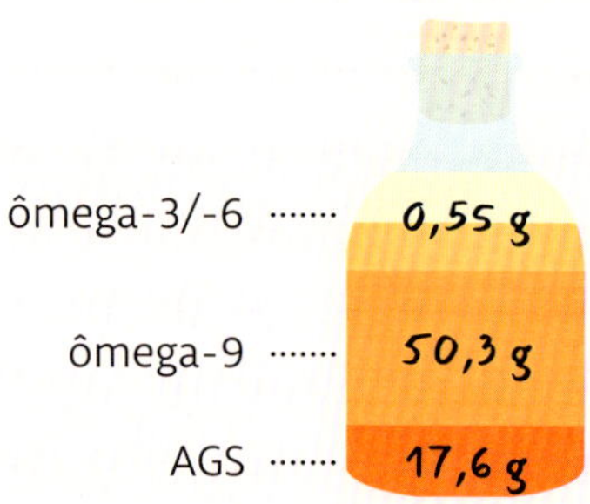

Origem > Esse óleo é obtido dos frutos do abacateiro, árvore que cresce em regiões subtropicais (como o México, por exemplo).

Aportes nutricionais > Contém ácidos graxos saturados e insaturados, incluindo uma quantidade importante de ômega-9, 6 e 3.

Utilização > Tem sabor adocicado e ligeiramente herbáceo e se adapta a todas as utilizações. Pode ser empregado no final do cozimento ou frio. Combina perfeitamente com chocolate, amêndoas e frutas cítricas.

ÓLEO DE COCO, UM ÓLEO QUE ENGRANDECE AS FRUTAS EXÓTICAS

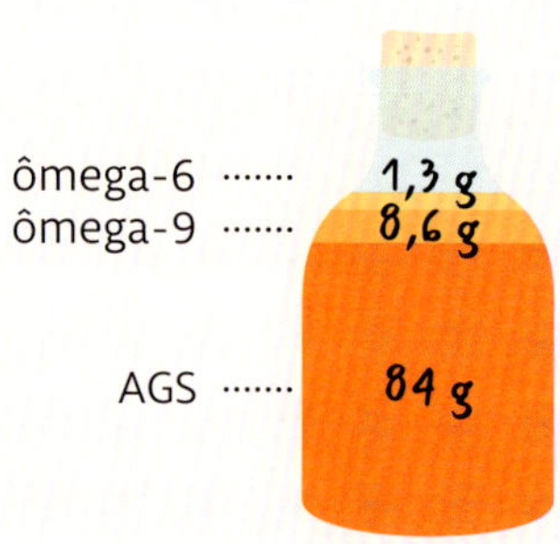

Origem > É produzido pelo método de prensagem a frio da polpa de coco.

Aportes nutricionais > Contém mais ácidos graxos saturados e menos ácidos graxos insaturados do que os demais óleos citados aqui. Tem ainda ômega-9 e 6.

Utilização > Muito utilizado na confeitaria vegana por seu efeito de cristalização, pode substituir a manteiga em uma receita. Seu sabor varia: quando desodorizado, é neutro; se não, é o mesmo do coco. O ponto de fusão é inferior ao da manteiga, o que significa que o óleo de coco deixa as massas cruas mais macias do que a manteiga. Acompanha muito bem frutas exóticas, chocolate e frutas secas. Pode ser aquecido durante o cozimento até 240 °C.

ÓLEO DE MACADÂMIA, O MAIS SUAVE

Origem > O óleo de macadâmia é produzido a partir de frutas secas. Consumido há mais de 5 mil anos pelos aborígenes australianos, é frequentemente encontrado em cosméticos.

Aportes nutricionais > Contém ácidos graxos saturados e insaturados, principalmente ômega-9 e 6, e menor quantidade de ômega-3.

Utilização > Seu sabor é suave, semelhante ao das nozes. Pode ser incluído nas preparações ao final do cozimento ou frio. Acompanha bem as frutas secas, como amêndoas e avelãs, e também chocolate e baunilha.

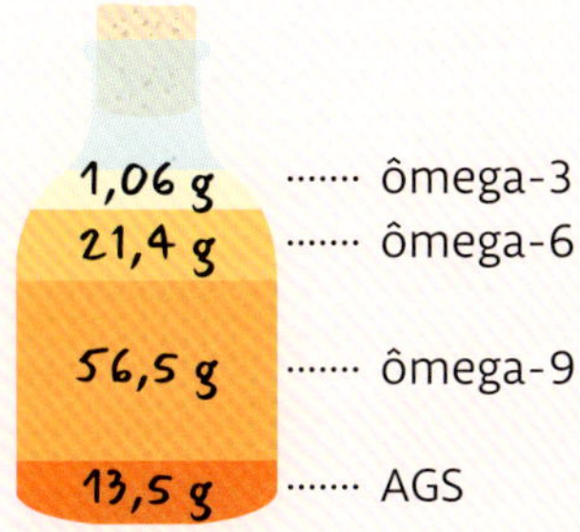

ÓLEO DE AVELÃ, PURA ELEGÂNCIA

Origem > Esse óleo é obtido do fruto da aveleira. A avelã é consumida há muitos milhares de anos na região de Piemonte, na Itália. Nesse passado remoto, era a principal fonte de gordura na alimentação.

Aportes nutricionais > Contém ácidos graxos saturados e insaturados, entre eles ômega-9, 6 e 3.

Utilização > É utilizado apenas frio. Acompanha bem massas à base de nozes, chocolate e frutas como a maçã.

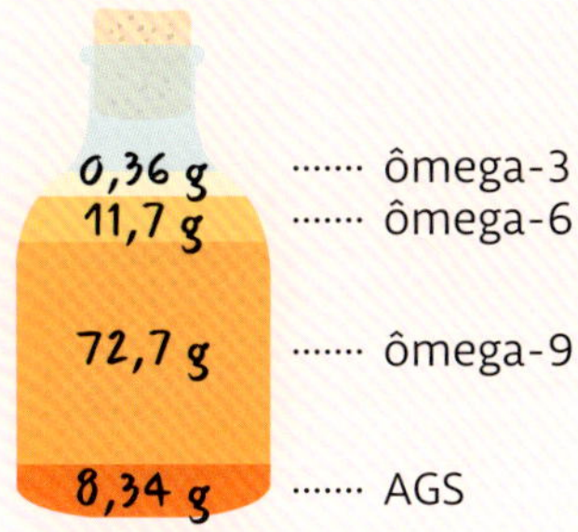

ÓLEO DE NOZES, INTENSIDADE E EFEITOS BENÉFICOS

Origem > É produzido a partir dos frutos da nogueira. De casca dura, as nozes eram valorizadas como ouro no século XIII na região do Périgord, na França. Na época, eram utilizadas como moeda e empregadas em tintas e sabonetes.

Aportes nutricionais > Contém ácidos graxos saturados e insaturados, incluindo ômega-9, 6 e 3. Tem grande poder antioxidante graças à presença de polifenóis e de uma pequena quantidade de vitamina E.

Utilização > Apresenta notas intensas de nozes. É utilizado frio, como o óleo de avelã. Acompanha bem chocolate, nozes e até castanhas.

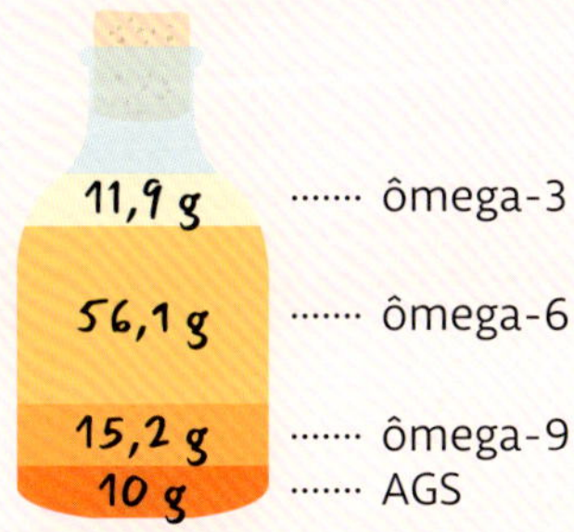

AZEITE DE OLIVA, A ESTRELA MUNDIAL

Origem > Esse óleo é obtido dos frutos da oliveira, as azeitonas. Faz parte da história mediterrânea, e seu uso remonta há mais de 6 mil anos. Era utilizado em ritos sagrados do Egito na época dos faraós.

Aportes nutricionais > Contém ácidos graxos saturados e insaturados, incluindo ômega-9, 6 e 3. Aparece em segundo lugar, logo depois do óleo de avelã, na lista dos óleos mais ricos em ômega-9[4]. Além disso, oferece uma pequena quantidade de betacaroteno, que é antioxidante. Assim como o óleo de milho, tem baixa dosagem de iodo. (Veja os impactos dos micronutrientes no corpo no final da parte "Famílias de ingredientes".)

Utilização > Com notas sutis e equilibradas de azeitona, o azeite se associa a diversos sabores na confeitaria, como os do limão-siciliano, do chocolate e das nozes. Pode ser aquecido ao máximo de 180 °C ou simplesmente usado frio.

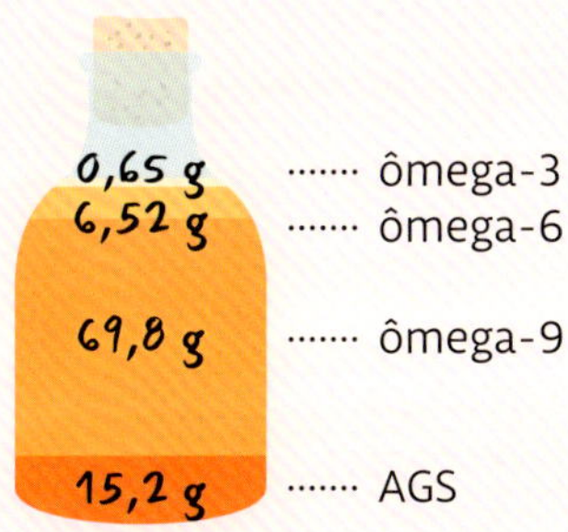

[4] Tabela Ciqual. Anses (2022). Disponível em: https://ciqual.anses.fr/.

Na tabela a seguir você encontrará apenas óleos de origem orgânica obtidos da primeira prensagem a frio (os óleos refinados têm maior tolerância ao cozimento e, por isso, uma utilização diferente).

<table>
<tr><th>Óleo</th><th>Frio</th><th>Aquecido</th><th>Temperatura máx. de aquecimento</th><th>Utilização a frio</th><th>Utilização aquecido</th></tr>
<tr><td>Amêndoa doce</td><td>SIM</td><td>NÃO</td><td rowspan="3">-</td><td rowspan="4">caramelizados, crocantes, cobertura/ douramento de bolos, mousses, cremes, umedecimento de biscoitos, molho</td><td rowspan="3">-</td></tr>
<tr><td>Argan</td><td>SIM</td><td>NÃO</td></tr>
<tr><td>Abacate</td><td>SIM</td><td>NÃO</td></tr>
<tr><td>Amendoim</td><td>SIM</td><td>SIM</td><td>180 °C</td><td>bolos, biscoitos umedecidos tipo biscuit joconde, biscoito amanteigado, untura de fôrmas, cozimento de panquecas e crepes, brioches, massas adocicadas</td></tr>
<tr><td>Camelina</td><td>SIM</td><td>NÃO</td><td rowspan="3">-</td><td rowspan="2">caramelizados, crocantes, cobertura/ douramento de bolos, mousses, cremes, umedecimento de biscoitos</td><td rowspan="3">-</td></tr>
<tr><td>Cártamo</td><td>SIM</td><td>NÃO</td></tr>
<tr><td>Canola</td><td>SIM</td><td>NÃO</td><td>caramelizados, crocantes, douramento de bolos, mousses, cremes, umedecimento de biscoitos</td></tr>
<tr><td>Coco</td><td>SIM</td><td>SIM</td><td>240 °C</td><td>caramelizados, crocantes, cobertura/ douramento de bolos, mousses, cremes, umedecimento de biscoitos, molho</td><td>bolos, biscoitos umedecidos tipo biscuit joconde, biscoito amanteigado, untura de fôrmas, cozimento de panquecas e crepes, brioches, massas adocicadas</td></tr>
<tr><td>Cominho-preto</td><td>SIM</td><td>NÃO</td><td rowspan="2">-</td><td>caramelizados, crocantes, cobertura/ douramento de bolos, mousses, cremes, umedecimento de biscoitos, molho</td><td rowspan="2">-</td></tr>
<tr><td>Semente de papoula</td><td>SIM</td><td>NÃO</td><td>caramelizados, crocantes, cobertura/ douramento de bolos, mousses, cremes, umedecimento de biscoitos</td></tr>
<tr><td>Inca inchi</td><td>SIM</td><td>SIM</td><td>160 °C</td><td rowspan="5">caramelizados, crocantes, cobertura/ douramento de bolos, mousses, cremes, umedecimento de biscoitos, molho</td><td>bolos, biscoitos umedecidos tipo biscuit joconde, biscoito amanteigado, untura de fôrmas, cozimento de panquecas e crepes, brioches, massas adocicadas</td></tr>
<tr><td>Macadâmia</td><td>SIM</td><td>NÃO</td><td rowspan="3">-</td><td rowspan="3">-</td></tr>
<tr><td>Avelã</td><td>SIM</td><td>NÃO</td></tr>
<tr><td>Nozes</td><td>SIM</td><td>NÃO</td></tr>
<tr><td>Oliva</td><td>SIM</td><td>SIM</td><td>180 °C</td><td rowspan="2">bolos, biscoitos umedecidos tipo biscuit joconde, biscoito amanteigado, untura de fôrmas, cozimento de panquecas e crepes, brioches, massas adocicadas</td></tr>
<tr><td>Semente de uva</td><td>SIM</td><td>SIM</td><td>160 °C</td><td>caramelizados, crocantes, cobertura/ douramento de bolos, mousses, cremes, umedecimento de biscoitos</td></tr>
<tr><td>Gergelim</td><td>SIM</td><td>NÃO</td><td rowspan="2">-</td><td>caramelizados, crocantes, cobertura/ douramento de bolos, mousses, cremes, umedecimento de biscoitos, molho</td><td rowspan="2">-</td></tr>
<tr><td>Girassol</td><td>SIM</td><td>NÃO</td><td>caramelizados, crocantes, cobertura/ douramento de bolos, mousses, cremes, umedecimento de biscoitos</td></tr>
</table>

Manteigas e margarinas

A manteiga e a margarina desempenham um papel importante na produção dos doces mais famosos.

Manteiga

A manteiga é obtida da nata do leite de vaca batida vigorosamente.

1 > De origem animal, a manteiga é feita do leite de vaca, mais precisamente da nata, que é batida por muito tempo. Obtêm-se, então, o leitelho e os grãos de manteiga, que se transformam em manteiga após a mistura. Esse processo de produção (o único autorizado) é conhecido como "batedura", termo que acabou por designar certas manteigas como "manteigas de batedura" (que não é oficial).

2 > A manteiga contém ácidos graxos saturados, devendo ser consumida com moderação para impedir o aumento do colesterol ruim.

3 > A manteiga reage mal ao calor. É preferível consumi-la crua ou, caso contrário, não a aquecer acima de 140 °C. A temperaturas superiores, há a formação de compostos cancerígenos.

4 > Existem diferentes tipos de manteiga. No Brasil, temos o tipo extra, o de primeira qualidade e o comum. Também há as variações com e sem sal.

5 > A manteiga extra tem no mínimo 82% de gordura, menor acidez e menos sal. Não leva corantes, mesmo que naturais. Já a manteiga comum e a de primeira qualidade têm cerca de 80% de gordura, sendo que a de primeira qualidade tem maior acidez e pode conter mais sal que a manteiga extra e corantes naturais, como o urucum.

6 > Existem duas categorias de manteiga: a manteiga crua (ou artesanal) e a manteiga pasteurizada. A primeira é feita de nata crua, sem cozimento, o que mantém seus preciosos nutrientes preservados. Já na segunda o creme é pasteurizado, ou seja, aquecido por 15 a 20 segundos a 75 °C para aumentar seu prazo de validade, eliminando certas bactérias.

AS DIFERENTES MANTEIGAS

GHEE

Origem > Deriva da manteiga, que é derretida e depois clarificada: a caseína (proteína), a lactose (carboidrato) e a água (soro de leite) são removidas. O ghee obtido dessa maneira é um produto muito utilizado na medicina ayurvédica, por ser de fácil digestão. Composto exclusivamente de lipídios, ajuda a regular o trânsito intestinal. Para uso culinário, enquanto o ponto de fumaça (temperatura em que óleos e gorduras começam a se degradar) da manteiga fica em torno de 150 °C, o do ghee pode chegar a 200 °C.

Produzi-lo é muito simples. Em uma panela, derreta a manteiga em fogo baixo até aparecer uma espuma fina por cima. Remova-a completamente (é nela que se concentram os três compostos mencionados anteriormente). Filtre a manteiga clarificada uma ou duas vezes, para obter o ghee mais puro possível.

COMPOSIÇÃO DA MANTEIGA

Aportes nutricionais > Sua maior particularidade é não conter lactose nem proteínas do leite de vaca; portanto, utilizá-lo em substituição à chamada manteiga clássica reduz significativamente o risco de problemas digestivos. Mas não é tudo: também contém menos colesterol que a manteiga.

Utilização > Substitui a manteiga nas receitas e também é utilizado em todos os cozimentos. Permite fazer receitas sem lactose e caseína. Seu sabor é muito próximo ao da manteiga, com leves notas de avelã.

MANTEIGA DE TOURAGE

Origem > Essa manteiga francesa é, na verdade, recomposta com gorduras selecionadas para que sua temperatura de fusão seja mais elevada. Isso possibilita trabalhar mais facilmente a massa e obter uma boa qualidade de dobradura para massas folhadas na hora de fazer a laminação.

Aportes nutricionais > Sua principal diferença é ser mais gordurosa do que a chamada manteiga clássica. Sim, é possível, mais gordura ainda: ela contém 84% de lipídios, contra 82%, a quantidade convencional. É esse teor mais elevado que faz dela uma manteiga mais firme.

Utilização > É utilizada na produção de massa folhada e massa folhada levedada. Sua textura é mais firme que a da manteiga clássica.

MANTEIGA DE KARITÉ

SAIBA+

Cuidado: se a manteiga de karité for branca, inodora e granulada quando espalhada na pele, significa que foi refinada e houve adição de produtos químicos no processo de fabricação, o que a faz perder entre 50% e 80% de seus benefícios.

Origem > Vem dos frutos do karité (palavra que significa "árvore da manteiga"), árvore que cresce na savana africana. Muito famosa na cosmética, essa manteiga também é utilizada há tempos na culinária africana. Depois de colhido o fruto, a polpa é retirada e a casca reservada. Então, a casca é quebrada para extrair a amêndoa, que depois de seca e moída resulta em uma pasta. Essa pasta é misturada à água para a eliminação de impurezas. A mistura é, então, aquecida em baixa temperatura e depois filtrada (o excesso de água é removido). Por fim, a manteiga é embalada.

Aportes nutricionais > Essa manteiga tem uma composição relativamente parecida com a da manteiga de cacau: também é rica em ômega-9 (cerca de 40 g a 45 g/100 g). Vale observar que a presença de um rótulo indicando origem orgânica na embalagem não significa que a manteiga não tenha sido submetida ao refino.

Utilização > Na culinária, é utilizada principalmente como substituta da manteiga nas receitas. Seu sabor é bastante forte e sua cor é amarela.

MANTEIGA DE CACAU

Origem > Trata-se da gordura da pasta de cacau, extraída da pasta pura. É uma gordura muito utilizada na confeitaria.

Aportes nutricionais > Sua quantidade de ácidos graxos saturados é ligeiramente superior à da manteiga clássica, mas contém o dobro da quantidade de ômega-9! É uma excelente alternativa vegetariana e sem lactose à manteiga de leite de vaca.

Utilização > Essa manteiga substitui a manteiga clássica em cremes, pode ser facilmente combinada ao chocolate em ganaches e integra a composição de receitas de cremes e massas vegetais como agente de textura. Por oferecer sabor gorduroso na boca, é importante ajustar a quantidade nas receitas, para que não haja gosto residual e uma textura muito pronunciada.

Margarina

Ao contrário da manteiga, a margarina é um produto de origem vegetal. Trata-se de uma emulsão na qual encontramos de 50% a 80% de gordura vegetal, sendo em geral uma mistura de óleos, água e emulsionantes. Assim, a margarina é vegana e contém uma quantidade significativamente menor de ácidos graxos saturados que a manteiga tradicional. Por outro lado, deve-se ter cuidado com sua composição. Veja a receita da margarina caseira na página 164.

COMPOSIÇÃO DA MARGARINA INDUSTRIAL

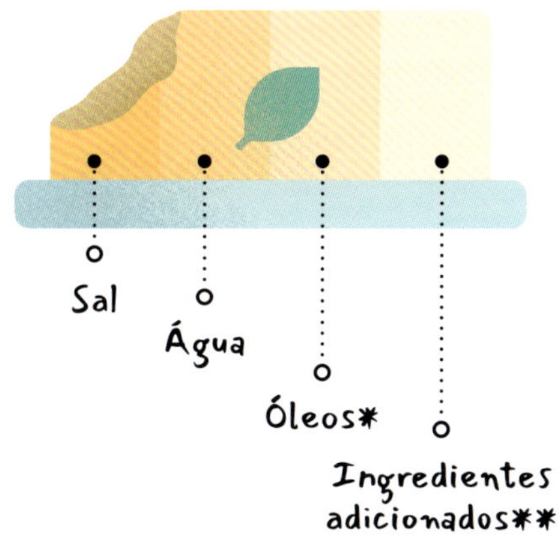

* Às vezes, gorduras vegetais.

** Os ingredientes adicionados são corantes, conservantes, aromatizantes e emulsionantes.

TABELA COMPARATIVA MANTEIGA/MARGARINA

	Verifique no rótulo	Ponto de fumaça
Manteiga	Origem, nome (Denominações de Origem Protegida – DOP), cultivo orgânico	120 °C a 150 °C
Margarina	Certifique-se de que não é hidrogenada nem contém óleo de palma	Depende da qualidade e da natureza dos óleos utilizados

ATENÇÃO
Alguns aditivos causam impacto negativo na saúde. Recomenda-se verificar a composição da margarina, pois, mesmo sendo de origem vegetal, pode ser muito prejudicial à saúde devido aos aditivos nela contidos.

ADITIVOS BENÉFICOS E PREJUDICIAIS QUE PODEM ESTAR PRESENTES NA MARGARINA

ADITIVOS INOFENSIVOS

Goma gelana (E418) > Não apresenta nenhum risco relevante.

ADITIVOS TOLERÁVEIS

Carbonato de cálcio (E170) > Não consumir em grandes quantidades (atualmente faltam estudos científicos).

Algas marinhas (*Lithothamnium calcareum*) > Não consumir em casos de problemas renais.

Goma guar (E412) > Não consumir em grandes quantidades, pois é responsável por distúrbios intestinais.

Goma xantana (E415) > Não consumir em grandes quantidades, em razão do risco de distúrbios digestivos.

Carragenina (E407a) > Oferece risco de distúrbios digestivos e potencial risco de desenvolvimento de câncer de cólon.

Lecitina de soja (E322) > Pode provocar contaminação por frações de proteína de soja.

ADITIVOS QUE DEVEM SER TOTALMENTE EVITADOS

Fosfato de cálcio (E341) > Potencialmente nocivo porque pode constituir um fator de risco cardiovascular, principalmente em casos de insuficiência renal.

Fosfato de potássio (E340) > Potencialmente nocivo porque pode constituir um fator de risco cardiovascular, principalmente em casos de insuficiência renal.

Fosfato tricálcico > Pode provocar doenças cardiovasculares.

SAIBA+

Você sabia que Napoleão III criou um concurso voltado ao desenvolvimento de uma "imitação de manteiga", a margarina, que fosse mais barata e pudesse ser conservada por mais tempo?

CAPÍTULO 5

Ovos

INTRODUÇÃO

O ovo é um ingrediente essencial da confeitaria. Contribui para dar textura a um creme cozido, leveza a uma mousse arejada ou mesmo cor a uma massa, além de ser reconhecido por seus altos valores nutricionais.

Tenha cuidado, porém, na hora de comprá-los: selecionar uma cadeia de produção que respeita os animais é fundamental para obter produtos que priorizam a ética e a qualidade.

Saiba escolher os ovos

Para selecionar os ovos, opte por uma cadeia de produção que respeita os animais e que preza pela qualidade nutricional do produto. Assim, é aconselhável escolher ovos provenientes de avicultura orgânica ou, pelo menos, de galinhas criadas livres. É fácil, basta verificar o rótulo! Em alguns países europeus, existe ainda o "código de frescor", impresso diretamente nos ovos e na caixa. E não confie nas imagens apresentadas nas embalagens, porque elas podem ser meramente ilustrativas, não representando as condições em que as galinhas são criadas!

Atenção: a boa relação entre ômega-6 e 3 (essencial para nossa saúde) só existirá nos ovos se a galinha for alimentada com uma dieta natural de qualidade e criada ao ar livre. Se a galinha for alimentada exclusivamente com farinha de milho e criada em aviário, a proporção de ômega-6 será maior do que a de ômega-3.

COMO LER O CÓDIGO DE FRESCOR, OBRIGATÓRIO NA UNIÃO EUROPEIA

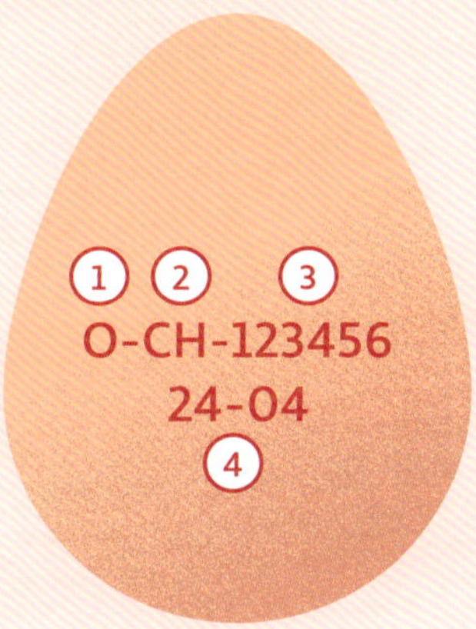

① **TIPO DE AVICULTURA**
0 = orgânica
1 = ao ar livre
2 = no solo
3 = em aviário

② **PAÍS DE ORIGEM**
CH, FR, DE. Essa menção é obrigatória.

③ **PRODUTOR**
É o número de licença. O número é opcional na Suíça, mas obrigatório em outros países.

④ **DIA DA POSTURA**
A menção ao ano não é obrigatória, pois o ovo só se conserva fresco por quatro semanas.

AS DUAS "CATEGORIAS" DE OVOS

Na França[1], existem duas categorias comerciais de ovos: A e B. A categoria A é subdividida em duas:

> **Categoria A com a indicação "extrafresco":** a coleta é feita todos os dias. Os ovos foram postos há menos de 9 dias;

> **Categoria A com a indicação "fresco":** são ovos com mais de 9 dias, que podem ser consumidos até o 28° dia após a postura.

> **Categoria B:** são ovos de segunda qualidade, utilizados somente pela indústria alimentícia.

SAIBA+

Considere escolher ovos de produtores que não matam pintinhos machos quando nascem: graças à técnica de sexagem "in-ovo", é possível identificar o sexo antes do nascimento.

[1] Para conhecer as categorizações brasileiras, consulte a Portaria nº 1.179, do Ministério da Agricultura e Pecuária, de 5 de setembro de 2024. Disponível em: https://www.gov.br/agricultura/pt-br/assuntos/defesa-agropecuaria/suasa/regulamentos-tecnicos-de-identidade-e-qualidade-de-produtos-de-origem-animal-1/PORTARIASDA_MAPAN1.179DE5deSETEMBRODE2024PORTARIAOVO.pdf. Acesso em: 24 fev. 2025. [N. E.]

FUNÇÃO DO OVO NA CONFEITARIA

O ovo desempenha vários papéis na confeitaria, por isso, nem sempre é fácil substituí-lo. É formado por dois elementos dissociáveis e de composição nutricional diferente, a gema e a clara, essenciais na execução das receitas.

A clara do ovo, composta de 90% de água e 10% de proteína, possibilita:

> hidratar uma preparação;
> dar leveza a mousses e biscoitos ou fazer merengues, graças às suas qualidades de expansão – seu volume pode multiplicar-se até 8 vezes, pois sua estrutura incorpora ar por meio da ação do batedor;
> estruturar biscoitos ou massas quando coagulada sob a ação do calor.

A gema do ovo, muito rica em lipídios (34%), é composta de 50% de água e 15% de proteínas, incluindo 10% de lipoproteínas (associação molecular formada por lipídios e proteínas). Ela permite:

> dar liga a massas e biscoitos, conferindo-lhes maciez;
> engrossar cremes e estruturar biscoitos ou massas ao coagular sob a ação do calor;
> dar cor a massas, biscoitos e cremes.

TABELA DE EQUIVALÊNCIAS PARA A SUBSTITUIÇÃO DE OVOS NA CONFEITARIA

Preparação da confeitaria	Função do ovo	Equivalência vegetal
Bolo	Hidrata a massa e confere estrutura durante o cozimento	Hidratação e estrutura: fibra de frutas ou vegetais (maçã, abobrinha, cenoura ralada, etc.)
Biscoito	A clara aumenta o volume e confere maciez	Aumento de volume: aquafaba (água de grão-de-bico)*
Massa sucrée	A gema hidrata e colore a massa	Hidratação: água Cor: cúrcuma
Mousse	A clara aumenta o volume e confere uma textura arejada à mousse	Aumento de volume: aquafaba* (água de grão-de-bico, por exemplo)
Creme inglês	A gema engrossa e colore o creme	Espessante: amido Cor: cúrcuma

SAIBA+

Leguminosas como feijão-branco e feijão-vermelho contêm a mesma proteína do grão-de-bico, oferecendo as mesmas propriedades de aumento de volume.

***RECEITA DE AQUAFABA DE GRÃO-DE-BICO**

- Deixe 200 g de grão-de-bico de molho por 12 horas em uma travessa grande cheia de água para remover o ácido fítico (componente que dificulta a digestão).
- Lave o grão-de-bico e cozinhe-o em uma quantidade de água equivalente a três vezes seu volume.
- Depois de cozido, retire o grão-de-bico e reduza a água do cozimento pela metade para concentrar as proteínas tensoativas (semelhantes às do ovo, que permitem a ligação entre ar e água sob a ação do batedor) que o grão-de-bico liberou enquanto estava de molho.
- Coloque tudo na geladeira. Bata a aquafaba em neve depois de esfriar.
- Cresce da mesma maneira que a clara do ovo.

COMPOSIÇÃO DO OVO

Clara
- 17 calorias
- 3,6 g de proteínas
- 0,05 g de gordura
- 2,3 mg de cálcio
- 55 mg de sódio
- 1,3 mcg de folato
- 53,8 mg de potássio
- 6,6 mcg de selênio
- 4,9 mg de fósforo
- 3,6 mg de magnésio

Gema
- 55 calorias
- 2,7 g de proteínas
- 4,5 g de gordura
- 21,9 mg de cálcio
- 8,2 mg de sódio
- 24,8 mcg de folato
- 18,5 mg de potássio
- 9,5 mcg de selênio
- 66,3 mg de fósforo
- 0,85 mg de magnésio
- 252 mcg de luteína

As gemas oferecem muitos benefícios, em especial, um antioxidante chamado luteína!

COMO SABER SE O OVO AINDA ESTÁ BOM?

Você pode mergulhar o ovo em uma jarra com água: se afundar, ainda está bom; se flutuar, você corre o risco de se envenenar.

Não consumir | Aproximadamente 2 semanas, consumir logo | Ainda fresco

CAPÍTULO 6

Frutas e legumes

INTRODUÇÃO

Todos temos em mente uma imagem dos bufês de confeitaria do passado, que exibiam todos os tipos de fruta – frescas, cristalizadas, em compota, em geleia...

As frutas sempre foram apreciadas por seu sabor doce, que resulta de um estratagema maravilhoso da Mãe Natureza: graças a seu açúcar, as frutas atraem polinizadores (insetos, pássaros, etc.), que garantem a reprodução da planta, dispersando suas sementes. O ser humano veio depois, com o cruzamento de espécies, para ajudar a natureza a produzir frutos cada vez mais doces.

Na confeitaria, as frutas são hoje utilizadas de muitas maneiras, e as receitas e técnicas evoluíram ao longo do tempo pela criatividade dos chefs.

Só muito mais tarde os legumes entraram na confeitaria, sendo recentemente apresentados em receitas inovadoras e associações originais que surpreendem e encantam nossas papilas gustativas.

Diante do novo desafio que surge agora, o de uma confeitaria deliciosa e saudável, as frutas e os legumes, como grandes fontes de fibras, antioxidantes e minerais, se tornaram indispensáveis no reino das sobremesas!

Por que você deve escolher frutas e legumes da estação?

Muitas vezes ouvimos que é importante comer frutas e legumes da estação, mas você realmente sabe por quê?

PORQUE É QUANDO MAIS PRECISAMOS DELES

A natureza é sábia: cada estação nos oferece a variedade de frutas e legumes que atendem às nossas necessidades do momento. Na primavera, são bem-vindos o pepino e a ameixa! No verão, viva as frutas vermelhas! No outono, gostamos de uvas. E no inverno, frutas cítricas e abóboras lotam os mercados, cheias da água do verão, para nos hidratar, e ricas em vitamina C, para aumentar nossa imunidade na estação. Também é na alta temporada que eles ficam cheios de vitaminas e minerais.

PORQUE É QUANDO ESTÃO MAIS SABOROSOS

Quando falamos de frutas e legumes da época, estamos falando de frutas e legumes colhidos maduros (com exceção de certas frutas, como banana e abacate, que amadurecem após a colheita) e em seu pleno potencial aromático. É nesse exato momento que estão cheios de sabor e nutrientes.

PORQUE A PROXIMIDADE É BENÉFICA!

Aproveitar as frutas e os legumes de sua região significa principalmente ter a garantia de um produto fresco, em razão da proximidade entre o local da colheita e o de distribuição, o que não acontece com frutas importadas, por exemplo, que devem ser colhidas antes de estarem maduras e cujos sabores não são os ideais. A cereja do bolo: ao priorizar a proximidade, remuneramos melhor os produtores locais e reduzimos nossa pegada de carbono. O que você está esperando para começar?

Em áreas de clima temperado, como na França, a sazonalidade das frutas e legumes é bem conhecida porque as quatro estações (cinco, segundo a medicina chinesa) são bem marcadas. Dependendo de sua localização no mundo, as estações são duas, quatro ou uma, se você estiver na linha do Equador. Neste último caso, as frutas e os legumes no mercado permanecem os mesmos o ano todo.[1]

[1] Neste capítulo e nos capítulos 7, 9, 10 e 11, a sazonalidade dos produtos agrícolas é descrita seguindo a França como referência geográfica. [N. E.]

Frutas

As frutas são geralmente classificadas da seguinte forma:

> **Frutas com caroço** (ameixa, pêssego, cereja, damasco, etc.)

> **Pomíferas** (maçã, pera, uva, marmelo, etc.)

> **Bagas e frutas vermelhas** (mirtilo, groselha, groselha-negra, etc.)

> **Frutas cítricas** (limão, toranja, laranja, clementina, etc.)

> **Frutas exóticas**[2] (lichia, abacaxi, manga, mamão, etc.)

DAMASCO

Origem > O damasco é o fruto do damasqueiro, árvore nativa da China (onde é conhecida há mais de 5 mil anos) e presente na bacia do Mediterrâneo desde a Antiguidade. Foi somente a partir do século XVIII que o cultivo do damasco se desenvolveu. Na França, sua colheita é feita no verão.

Aportes nutricionais > Quando o damasco está maduro, sua polpa é rica em fibras. A cor laranja está associada a seu alto teor de betacaroteno, antioxidante precursor da vitamina A. Essa fruta também é fonte de minerais e de uma quantidade significativa de ferro, cobre e magnésio. Vale observar que os damascos secos são particularmente ricos em cálcio.

Utilização > A polpa é doce, levemente acidulada e carnuda. O fruto é muito apreciado assado com tomilho, escalfado com alecrim ou frito com suco de gengibre e cardamomo. Quando seco, em purês ou simplesmente cru, pode ser facilmente encontrado em lanches energéticos, adicionado a bolos ou realçando uma sobremesa em calda.

CRANBERRY

Origem > Airela, oxicoco ou arando é uma fruta vermelha de verão proveniente de um arbusto que cresce na América do Norte e na Europa, principalmente na França. É colhida no final do verão.

Aportes nutricionais > Essa fruta tem poucas calorias e é rica em antioxidantes. Contém pigmentos (flavonoides) e minerais, como potássio, e é fonte de vitamina C.

Utilização > Com seu sabor muito ácido, é frequentemente encontrado congelado, na forma de purê ou seco. Acompanha bem as frutas secas. É usado em bolos de frutas, cristalizado em outros tipos de bolo ou mesmo seco em barras energéticas.

[2] Frutas exóticas são aquelas que não são nativas ou não são cultivadas em determinada região e geralmente são importadas. Como a publicação original é francesa, os produtos agrícolas apresentados neste livro têm a França como referência geográfica. [N. E.]

ABACAXI

Origem > O abacaxi é uma fruta tropical colhida no inverno. A planta é nativa da América Central e do Caribe. Existem cerca de seis variedades de abacaxi, incluindo o victoria, muito popular graças à sua polpa doce.

Aportes nutricionais > O abacaxi é rico em fibras e tem propriedades antioxidantes, em particular por seus pigmentos, principalmente os carotenoides, e por seu alto teor de vitamina C. É também uma fonte importante de minerais e oligoelementos. A bromelina, uma enzima encontrada no caule central, é muito importante por sua capacidade de pré-digerir proteínas!

Utilização > A polpa amarela é muito doce, suculenta e por vezes ligeiramente acidulada. Combina muito bem com outras frutas tropicais, baunilha e até coentro (semente e folha). Fresco, em purê, cristalizado, assado ou flambado, pode ser encontrado em bolos, simplesmente cortado em brunoise ou como elemento decorativo.

BANANA

SAIBA+

A banana seca é mais rica em nutrientes do que a banana fresca, mas também é mais energética e calórica.

Origem > A banana é uma fruta nativa do Sudeste Asiático. Atualmente, sua produção se estende por todos os países com clima tropical. Proveniente da bananeira, essa fruta tem sido consumida pelos humanos há mais de 7 mil anos! Suas muitas variedades apresentam sabores, formas e tamanhos muito diferentes. Enquanto a banana-da-terra é usada principalmente na culinária e a banana-maçã é adorada pelo sabor de sua polpa doce e delicada, a confeitaria usa mais comumente a variedade nanica. É colhida verde e amadurece durante o transporte.

Aportes nutricionais > A banana tem alta densidade nutricional, ou seja, fornece muitos nutrientes concentrados em um pequeno volume. E o melhor: ela promove a saciedade! É rica em fibras e contém uma quantidade significativa de dopamina e vitamina C, dois poderosos antioxidantes, além de potássio e magnésio. O conteúdo de vitamina B6 e triptofano, um aminoácido precursor da serotonina, confere-lhe propriedades relaxantes.

Utilização > Consulte a tabela a seguir.

Variedade	Utilização	Sabor	Combinações
Banana-da-terra	Sob a forma de farinha, para a preparação de massas e biscoitos	Não é doce, ligeiramente amarga	Com tudo, pois seu sabor é bastante neutro nas preparações
Banana-maçã	Crua, cozida, em compota, marinada, flambada	Polpa amarela e macia muito doce	Frutas tropicais doces, cardamomo, canela, pera, chocolate
Banana-nanica		Polpa branca macia e doce	

GROSELHA-NEGRA

Origem > Também conhecida como cassis, é o fruto da groselheira-negra, um arbusto nativo da Europa e do norte da Ásia, que cresce mais precisamente em áreas montanhosas, de forma selvagem. A groselha-negra se apresenta em cachos e amadurece durante o verão. É consumida há milênios como um alimento funcional com várias propriedades terapêuticas. Só recentemente foi incluída como ingrediente de licor e depois na culinária, para a preparação de pratos salgados e doces.

Aportes nutricionais > A groselha-negra é rica em fibras, polifenóis e antioxidantes, como a vitamina C. Apresenta ainda grande quantidade de minerais, como potássio, magnésio e ferro.

Utilização > Essa baga muito acidulada dá cor a todas as preparações graças a seus pigmentos pretos. Fresca, em compota, em geleia ou cristalizada, é encontrada em bolos e acrescentada a tortas e sorvetes. Combina muito bem com castanhas, amêndoas, café e maçãs.

CEREJA

Origem > A cereja é o fruto (de verão) da cerejeira. Os primeiros vestígios de caroços de cerejas datam do Neolítico (6.000 a.C.-2.200 a.C.), mas foi durante o Império Romano que a fruta passou a ser cultivada. Existem mais de 600 variedades de cereja, incluindo as mais conhecidas, que são a burlat e a bigarreau. No Hemisfério Norte, as cerejas são colhidas do final do mês de maio (a floração da cerejeira anuncia o início da primavera) até meados de agosto.

Aportes nutricionais > As cerejas contêm pigmentos antioxidantes. São fonte de vitaminas, principalmente A, B9 e C, e ricas em carboidratos.

Utilização > Muito doce, a polpa vermelha é suculenta e delicada. Crua, cozida, em compota ou cristalizada, é encontrada em tortas, pudins e bolos, como no famoso floresta negra. Acompanha muito bem chocolate, pistache, coco e, mais uma vez, amêndoa.

IMPORTANTE
Os cabinhos das cerejas são usados na fitoterapia por suas propriedades de drenagem; e os caroços, quando colocados em uma bolsa aquecida ou congelada, podem aliviar a dor ou reduzir hematomas. Da cereja, tudo se aproveita!

SAIBA+

A cerejeira em flor é chamada de *sakura* no Japão. Todos os anos, durante seu florescimento, os japoneses festejam essa árvore majestosa e suas flores de tonalidade rosa empalidecido.

LIMÃO-SICILIANO

Origem > O limão-siciliano é uma fruta cítrica proveniente do limoeiro, árvore nativa da Ásia que foi exportada para todo o mundo ao longo dos séculos. No Império Romano, era usado como remédio graças às suas qualidades terapêuticas. O limoeiro tem diversas florações, por isso encontramos seus frutos nos mercados o ano todo. É particularmente abundante no inverno.

Aportes nutricionais > Detém um dos mais altos teores de vitamina C entre as frutas. Suas quantidades de ácido cítrico e de minerais, em especial cálcio e ferro, também são relevantes.

Utilização > É uma fruta de sabor muito ácido, e pode ser inteiramente consumida. As raspas dão sabor a bolos, massas, biscoitos e cremes. A casca é usada para fazer cristalizados. O suco é encontrado em cremes e xaropes. O resto do limão é cortado, seco e moído para fazer um pó para aromatizar receitas, assim como as raspas. Combina com muitos ingredientes, especialmente manjericão, chocolate, tomilho e alecrim.

LIMÃO-TAITI

Origem > O limão-taiti é uma fruta cítrica proveniente da limeira, árvore nativa da Península Arábica. É colhido no inverno.

Aportes nutricionais > É rico em fibras e pobre em lipídios. Também é abundante em vitamina C e contém cálcio, magnésio, fósforo, ferro e fibra. Apresenta ainda pigmentos com efeitos antioxidantes.

Utilização > Sua polpa suculenta é ligeiramente amarga e mais ácida do que a do limão-siciliano. É utilizado em sucos, raspas ou cristalizado, dando sabor às preparações. Além disso, pode ser combinado com bicarbonato de sódio para substituir o fermento em pó.

MARMELO

Origem > Consumido desde a Grécia Antiga, o marmelo é o fruto do marmeleiro, uma pequena árvore de origem iraniana. Hoje, a variedade mais conhecida e apreciada é originária de Creta. O marmelo é cultivado em clima mediterrâneo. Pode ser degustado no outono.

Aportes nutricionais > É rico em fibras insolúveis, principalmente pectina. Por isso, ajuda a reduzir os níveis de colesterol e açúcar no sangue. O marmelo é, portanto, uma fruta que promove a saciedade. É ainda rico em taninos e fonte de potássio e cobre.

Utilização > Essa fruta em formato de pera tem polpa firme e doce. Só é consumido depois de cozido. É utilizado principalmente em geleias, compotas, tortas e cremes de frutas. Acompanha bem todas as frutas cítricas, amêndoas e especiarias como canela e noz-moscada.

FIGO

Origem > Proveniente da figueira, árvore nativa do Oriente, o figo é um fruto de verão que pode ser colhido até o outono. A figueira é cultivada na bacia do Mediterrâneo há milênios (escavações arqueológicas que mencionam o figo datam de 9.400 a.C.), o que o torna o fruto de domesticação mais antiga. Existem mais de 800 variedades de figo, com diferentes aspectos e cores.

Aportes nutricionais > O consumo energético do figo é razoável, com um baixo IG (35). É um fruto rico em fibras e tem alta concentração de minerais, como potássio e cobre, além de vitaminas do complexo B. Contém também antioxidantes preciosos: 100 g de figo fornecem a quantidade diária recomendada de antioxidantes.

Utilização > Sua polpa é tenra e seu sabor adocicado apresenta notas de frutos silvestres. Em calda ou compota, o figo pode ser acrescentado a bolos e tortas; em pedaços, vai bem em bolos de frutas. São apreciadas suas combinações com creme de amêndoa cozida, framboesa fresca ou até assado com baunilha, em sobremesas com calda.

MORANGO

Origem > Consumido desde a Antiguidade, o morango é uma baga que foi descoberta nos morangueiros silvestres da América. Foi apenas a partir da Idade Média, no entanto, que passou a ser cultivado em hortas particulares. Existem inúmeras variedades nos mercados, com formatos diferentes e sabores mais ou menos doce. A colheita acontece no final da primavera e durante todo o verão.

Aportes nutricionais > Morangos são ricos em minerais e vitaminas A, E, C e B9 (a famosa vitamina das gestantes), mas não muito em açúcares. Contêm também pigmentos (com propriedades antioxidantes) que favorecem a saúde cardiovascular e ocular. Os morangos são, ainda, fontes de fibra.

Utilização > Cru ou em purê, são utilizados em tortas, adicionados a bolos e até mesmo servidos em espuma. Muito apreciados por sua doçura e delicadeza, com uma polpa muito tenra, os morangos são uma das frutas mais utilizadas na confeitaria. Muitos clássicos levam o fruto, como a charlotte ou a imperdível torta de morangos. Combinam bem com amêndoa, chocolate, framboesa e coco.

MORANGO SILVESTRE

Origem > O morango silvestre é o fruto do morangueiro silvestre, uma planta perene nativa da Europa e da América do Norte. Seu cultivo data do século XIV – devido à fragilidade do fruto, a hibridização o tornou mais resistente e igualmente saboroso. É colhido na primavera e no verão.

Aportes nutricionais > O morango silvestre contém bons nutrientes, como a maioria das frutas. É rico em água e em vitaminas A e C, estimulando o sistema imunológico e ajudando a combater a fadiga. Além disso, é rico em vitamina B9 e contém antioxidantes.

Utilização > A fragilidade e o sabor desse fruto fazem com que seja utilizado tal como ele se apresenta, como decoração de uma torta ou de carolinas. Pequeno e elegante, combina bem com os mesmos ingredientes com os quais combina o morango.

FRAMBOESA

Origem > É o fruto da framboeseira, arbusto nativo das regiões montanhosas da Europa Ocidental. É apreciado na primavera e no verão. A framboesa só começou a ser cultivada a partir do século XIX, devido às características de seu sabor. Pode ser rosa, mas também branca, amarela ou preta.

Aportes nutricionais > A framboesa é rica em antioxidantes. É uma das frutas que oferecem os maiores teores de minerais, com quantidades significativas de ferro, magnésio e cálcio. Também é muito rica em vitamina C e fibras – a fibra insolúvel, presente em grande quantidade em suas pequenas sementes ricas em celulose, e a fibra solúvel, sob a forma de pectina, presente na polpa.

Utilização > A polpa é tenra e o sabor é doce e acidulado. Combina com todas as frutas vermelhas, amêndoa, damasco e pêssego. A torta de framboesa é insuperável! Na confeitaria tradicional, há também os famosos *framboisiers*. Frescas, em compota ou cozidas em uma massa, as framboesas promovem maravilhas em todas as suas formas.

MARACUJÁ

Origem > O maracujá foi descoberto no século XVII no Brasil. Cresce em uma trepadeira tropical, e foi consumido pela primeira vez por motivos medicinais e terapêuticos. Em muitos países, é conhecido como "fruto-da-paixão", em referência à Paixão de Cristo: o nome foi dado por missionários católicos que viram a coroa de Cristo na flor que lhe dá origem, com as pétalas lembrando os apóstolos. A fruta está pronta para ser colhida quando passa de verde a roxo, vermelho ou laranja e sua pele começa a enrugar levemente.

Aportes nutricionais > O maracujá é uma excelente fonte de fibras e contém muita vitamina C, o que confere a ele um efeito antioxidante. Também é fonte de ferro.

Utilização > Tem polpa alaranjada, suculenta, doce e acidulada, com grãos escuros e crocantes. Cru ou em purê, é muito utilizado na confeitaria e é encontrado em geleias ou acrescentado a bolos, sorvetes e caldas para sobremesas. Acompanha perfeitamente frutas tropicais, sementes de coentro ou chocolate ao leite.

ROMÃ

Origem > A romã vem da romãzeira, uma árvore nativa da Pérsia. Ela é cultivada na bacia do Mediterrâneo há séculos, e também na Ásia Central. Em diferentes religiões, é o símbolo da vida e da fertilidade, sem dúvida devido às suas numerosas sementes. A fruta é colhida entre o final do verão e o final do outono.

Aportes nutricionais > A romã é uma fruta com propriedades antioxidantes, sendo um potente anti-inflamatório pela excepcional riqueza em vitamina C e em taninos. Também é repleta de minerais e oligoelementos.

Utilização > Como fruta fresca, sem casca ou em suco, a romã tem se popularizado nos mercados nos últimos anos, principalmente pelo alto poder antioxidante. As sementes que a constituem são suculentas, ligeiramente ásperas e ácidas. É usada principalmente como decoração de bolos, em sucos ou geleias, ou em sobremesas servidas.

GROSELHA

Origem > A groselha é o fruto da groselheira. A groselha selvagem cresce em países do norte da Europa e em áreas montanhosas e frias. Apresenta-se em muitas variedades e é colhida no verão. É encontrada na cor vermelha, mas algumas variedades são rosadas ou até pretas.

Aportes nutricionais > A groselha é rica em vitamina C e antioxidantes, além de minerais, com uma quantidade significativa de potássio. É também rica em pectina.

Utilização > Conhecida pelo sabor ácido e doce, é muito apreciada na confeitaria, sendo usada em bolos e caldas ou geleias sobre bolos ou sorvetes. Combina com amêndoas, frutas vermelhas e pêssego.

CAQUI

Origem > O caqui é o fruto do caquizeiro, uma árvore de origem asiática (em especial do leste da China) que chegou à Europa há apenas mil anos e se aclimatou à região mediterrânica. A fruta é colhida no outono.

Aportes nutricionais > O caqui é rico em vitamina C, antioxidantes e tem uma quantidade excepcional de provitamina A! Por isso, contribui para a boa saúde da pele. É ainda fonte de fibras, minerais e oligoelementos como potássio, cálcio e manganês.

Utilização > Doce e com polpa suculenta, às vezes pode ser adstringente (acre). Pode ser encontrado fresco, cozido em crumbles, marinado com especiarias ou assado em sobremesas com caldas. Combina com frutas vermelhas, amêndoas e com a famosa mistura de quatro especiarias (pimenta-do-reino, gengibre, cravo-da-índia e noz-moscada).

KIWI

Origem > O kiwi é o fruto de uma trepadeira nativa da China. Foi apenas em 1904 que os primeiros kiwis chegaram à França. O nome vem da Nova Zelândia: na ilha, para onde foi importado, foram vistas semelhanças com a ave de mesmo nome (cor marrom, tamanho pequeno e aparência peluda). Existem muitas variedades da fruta, com tamanho, forma e cor diferentes. A colheita é feita no inverno.

Aportes nutricionais > O kiwi é rico em vitaminas C, A e K1. Oferece significativo poder antioxidante e muitos minerais e é uma excelente fonte de fibras. Também é fonte de vitaminas B6 e B9.

Utilização > A polpa é suculenta, doce e tenra. É raramente usado na confeitaria, mas pode ser encontrado cru, em geleias ou em cremes, principalmente em bolos ou tortas.

QUINCÃ

Origem > A quincã é uma fruta cítrica originária da China. Atualmente, é cultivada em todo o mundo, em regiões temperadas. É hibridizada com outras frutas cítricas para criar frutos como o limequat, o lemonquat ou o calamondin.

Aportes nutricionais > É uma fruta de baixa caloria e uma excelente fonte de fibras. Tem poder antioxidante e é fonte de vitaminas (C e B9) e de minerais essenciais.

Utilização > Crua, em compota ou cristalizada, a quincã é encontrada em muitas receitas, tanto na confeitaria como na chocolateria. Seu sabor é acidulado e doce. Para sobremesas em calda, pode ser usada cozida, cristalizada, crua ou em sorvetes. Cristalizada ou em compota, em bolos; em geleia, em doces de chocolate. Combina muito bem com amêndoas, castanhas e baunilha.

LICHIA

Origem > A lichia, fruto da lichieira, árvore de origem chinesa, também é chamada de "cereja da China". É considerada um alimento dos mais requintados. Foi introduzida no século XVIII na Ilha da Reunião e em Madagascar. É colhida no inverno.

Aportes nutricionais > Fruta rica em água, a lichia é uma excelente fonte de vitamina C. Possui poder antioxidante e fibras macias. É também rica em potássio.

Utilização > A polpa é muito suculenta, delicada e doce. Pode ser utilizada crua ou em purê. Aprecia-se combiná-la com rosa, framboesa (como no famoso macaron de framboesa e lichia, do grande confeiteiro Pierre Hermé) ou ainda com toranja.

CIDRA-MÃO-DE-BUDA

Origem > A cidra-mão-de-buda é uma fruta cítrica proveniente de uma variedade da cidreira. É nativa do Sudeste Asiático. Sua forma, que evoca as mãos postadas em oração (daí seu nome), é resultado de uma mutação genética. Essa fruta é considerada um amuleto da sorte e servia como oferenda a Buda. É colhida no inverno, como todas as frutas cítricas.

Aportes nutricionais > Tem poucas calorias e pouco açúcar, mas é rica em micronutrientes. Contém vitaminas como as B, C e E.

Utilização > Essa fruta cítrica um tanto incomum não tem suco. É consumida apenas pelas notas aromáticas da casca. Cristalizada ou simplesmente em raspas, suas notas doces lembram o limão-siciliano e a laranja.

SAIBA+

As frutas cítricas são muito consumidas entre o fim do outono e o inverno.

TANGERINA

Origem > A tangerina provém da tangerineira, árvore nativa da Ásia que foi introduzida na Europa e na América no século XIX. É consumida principalmente no outono e no inverno (época da colheita). É semelhante à clementina, um híbrido do século IX que é ainda mais apreciada devido às suas notas mais suaves e doces.

Aportes nutricionais > A tangerina é uma fruta cítrica rica em carboidratos, mas não é muito calórica. Além disso, contém cálcio, potássio e vitamina C e apresenta forte poder antioxidante.

Utilização > Tem sabor picante e doce. Da casca ao suco, tudo pode ser consumido, como acontece com o limão-siciliano. Combina perfeitamente com baunilha, castanhas, amêndoas e avelã. Em bolos de frutas, pode ser acrescentada como raspas e suco; em outros bolos, como compota ou para decoração, na forma cristalizada.

MANGA

Origem > A manga vem das florestas da Índia. Conta-se que era à sombra de uma mangueira que Buda fazia suas orações. Na Europa, era, até recentemente, considerada um produto de luxo, consumida especialmente durante refeições festivas. Agora é apreciada com mais regularidade e está cada vez mais presente na confeitaria.

Aportes nutricionais > A manga tem propriedades antioxidantes em função de seus pigmentos e é uma importante fonte de vitamina C. Fornece boa quantidade de fibra solúvel.

Utilização > Sua polpa frutada, muito saborosa e tenra, é utilizada crua, cortada em brunoise, em tortas, como calda em doces e verrines, em compotas ou mesmo marinada na forma de carpaccio nas sobremesas em calda. Acompanha bem damasco, abacaxi, maracujá, coco e até cardamomo.

MELÃO

Origem > O melão cresce em uma trepadeira. É cultivado na bacia do Mediterrâneo e em quase todos os lugares do planeta, nas zonas temperadas. São muitas as variedades, sendo o charentais, com sua polpa alaranjada, o mais doce e apreciado. É colhido no verão.

Aportes nutricionais > O melão é rico em água e pobre em calorias, é diurético, portanto, e combate a sede. É fonte de provitamina A e vitamina C, que conferem a ele poderes benéficos contra oxidações e inflamações. É rico em minerais e antioxidantes graças a seus pigmentos e vitaminas. É também fonte de fibras.

Utilização > Devido à sua polpa doce, muito aromática e suculenta, pode ser consumido cru, marinado ou em suco. Em bolinhas ou como carpaccio, é servido como sobremesa com caldas ou em tortinhas. No verão, pode estar presente em sorbets ou granitas, e pode ser batido para utilização do suco em uma verrine ou outra sobremesa. Combina perfeitamente com hortelã, morango, laranja e melancia.

AMORA

Origem > A amora silvestre é o fruto da amoreira silvestre, um arbusto que cresce à beira de estradas. Do verão ao outono, a amora passa do vermelho ao preto, e é esse o momento em que a fruta pode ser colhida. A tradição é transformá-la principalmente em compota ou licor. É consumida desde o Neolítico e já foram atribuídos a ela inúmeros benefícios terapêuticos, os quais a tornam um excelente alimento funcional.

Aportes nutricionais > É muito rica em antioxidantes e minerais, incluindo potássio, cálcio, fósforo e magnésio, em vitaminas, em especial B, C e E, além de pigmentos e taninos. Também contém fibras.

Utilização > Crua, cozida ou em purê, é adequada a todas as preparações da confeitaria. É encontrada em mousses ou compotas de sobremesa, cozida em bolos, em sorvetes, em compota ou crua em tortas. Embora suas notas sejam aciduladas e levemente doces, pode ter sabores muito diversos, com notas secundárias de especiarias, rosas ou mesmo hortelã. Combina com baunilha, maçã, amêndoas ou pêssego. Confere aos doces uma cor roxa intensa.

MIRTILO

Origem > O mirtilo é o fruto de um arbusto que cresce principalmente em montanhas. É colhido no verão. Em razão de suas intensas propriedades terapêuticas, foi utilizado originalmente para combater a diarreia e fortalecer a visão.

Aportes nutricionais > Protege o corpo contra o estresse oxidativo. A fruta é rica em vitamina C e fibras.

Utilização > Na confeitaria, usamos o mirtilo da mesma maneira que a amora. Com seu sabor doce ligeiramente amargo, combina facilmente com amêndoas, pêssego, limão-siciliano e canela.

LARANJA

Origem > A laranja é proveniente da laranjeira, árvore nativa da Ásia. Rainha das frutas cítricas, é consumida principalmente no outono e inverno. Existem laranjas doces (como a que apresentamos aqui) e laranjas amargas. Considerada produto de luxo (esperava-se o Natal para servi-la), foi democratizada posteriormente, tornando-se hoje a segunda fruta mais consumida, depois da maçã.

Aportes nutricionais > Como muitas pessoas sabem, a laranja, assim como outras frutas cítricas, é rica em vitamina C. Contém muitos antioxidantes, permitindo combater o estresse oxidativo, e fibras solúveis. É uma fruta pobre em calorias, mas fonte de carboidratos e bons micronutrientes, como o cálcio e o magnésio.

Utilização > Como o limão-siciliano, pode ser usada de várias maneiras. Raspas, cascas e sucos são utilizados em milhares de receitas de confeitaria. Cristalizada, em compota, nos sorvetes, em massas de frutas. Combina bem com damasco, chocolate, figo, baga de zimbro ou morango.

TORANJA

Origem > A toranja é uma fruta cítrica proveniente da árvore de mesmo nome, nativa da Ásia.

Aportes nutricionais > Tal como sua prima, a laranja, a toranja é rica em vitamina C, ajudando a estimular o sistema imunológico. Essa fruta tem muito poucas calorias e baixa carga glicêmica. É fonte de fibras e antioxidantes, que são encontrados em seus pigmentos.

Utilização > De sabor doce e ácido, com certo amargor, utilizamos seu suco, sua casca e suas raspas. Como o amargor é muito presente na casca, esta deve ser escaldada até cinco vezes antes de ser confitada. Combina com abacaxi, canela ou mesmo baga de zimbro. Encontramos a toranja fresca cortada em gomos sobre tortas, em sorvetes ou em compotas sobre bolos.

IMPORTANTE
Muitas vezes a toranja é confundida com o pomelo. Este último é um cruzamento entre laranja e toranja, com uma casca mais fina e tamanho menor que a toranja.

MELANCIA

Origem > A melancia é a fruta da planta rasteira de mesmo nome. É colhida no verão e conhecida por sua propriedade de saciar a sede, sendo 90% composta de água. Diz-se que os egípcios, na Antiguidade, ofereciam porções da fruta aos viajantes como boas-vindas.

Aportes nutricionais > É rica em água, mas também em fibras, além de ter poucas calorias. Oferece diferentes vitaminas, como provitamina A, vitaminas do complexo B (incluindo B6) e vitamina C. Contém antioxidantes em seus pigmentos.

Utilização > Suculenta e doce, a fruta raramente é usada na confeitaria. É encontrada principalmente fresca, na forma de bolinhas, em uma torta de verão ou em uma salada de frutas. Pode ser combinada com canela, limão-taiti, pimenta ou melão.

PÊSSEGO

Origem > O pêssego é o fruto do pessegueiro, árvore nativa da China. É colhido no verão. Apresenta aproximadamente 300 variedades, sendo algumas delas pêssego branco, pêssego trepadeira, pêssego-careca e pêssego dourado.

Aportes nutricionais > O pêssego é fonte de fibras tenras, que ajudam a ativar suavemente o trânsito intestinal. É muito rico em vitamina C e contém ainda provitamina A e pigmentos que protegem o sistema cardiovascular.

Utilização > É largamente utilizado na confeitaria, pois sua polpa suculenta, doce e tenra é muito apreciada. Cru, cozido, marinado, assado ou escaldado, pode ser encontrado em tortas, bolos, sobremesas em calda e sorvetes. Associa-se bem a amoras, tomilho, baunilha e cerejas. Uma famosa sobremesa é pêssego melba em calda, que combina perfeitamente com sorvete de baunilha.

PITAIA

Origem > A pitaia ou fruta-do-dragão vem de um cacto nativo da América do Sul. O nome "fruta-do-dragão" foi dado no Vietnã, onde foi introduzido no século XIX, em alusão aos cipós que o cacto forma ao redor das árvores, lembrando um dragão enrolado em sua presa. A pitaia é colhida assim que a casca está bem colorida, totalmente madura. Pode ser encontrada com polpa branca ou rosada, dependendo da variedade.

Aportes nutricionais > É rica em água, por isso auxilia na hidratação do corpo. Além disso, tem propriedades antioxidantes graças à sua abundância de vitamina C. É fonte de fibra e magnésio.

Utilização > Pode ser consumida fresca ou em purê, mas se apresenta perfeita quando crua em uma torta ou salada de frutas. Sua polpa, suculenta e doce, tem notas de pera.

PERA

Origem > A pera é o fruto da pereira, árvore nativa da Ásia Central. É categorizada em dois tipos: de polpa mole (origem europeia) e de polpa firme, mais redonda (origem asiática). A colheita é feita do verão ao inverno. As variedades europeias são numerosas. Aqui usaremos principalmente a williams, a beurré giffard, a comice e a conference.

Aportes nutricionais > A pera é rica em fibras alimentares e tem poder antioxidante relativamente elevado dependendo da cor da casca: as variedades com a casca vermelho-alaranjada são as mais antioxidantes. Apresenta diferentes minerais, oligoelementos e vitaminas, especialmente a C.

Utilização > Devido a seu sabor doce e frutado, combina perfeitamente com amêndoas, chocolate, canela, castanhas e nozes. É encontrada crua, escaldada, cozida em tortas, como mousse ou em compota para bolos, assim como na lendária charlotte de pera. Oxida assim que a casca é removida; é necessário salpicá-la com suco de limão-siciliano para mantê-la branca.

MAÇÃ

Origem > A maçã, fruto da macieira, é a fruta mais consumida no mundo. São tantas as variedades (criadas por enxertia e hibridização) que é difícil identificar sua origem.

Aportes nutricionais > A maçã é uma fruta particularmente rica em fibras. Também contém muitos antioxidantes, cuja variedade, associada à vitamina C, aumenta seus poderes em dez vezes. Além disso, contém vitaminas do complexo B, C, E e A, bem como uma variedade de minerais, incluindo potássio.

Utilização > Veja a tabela a seguir, que detalha possíveis usos para quatro variedades diferentes.

<table>
<tr><th>Variedade da maçã</th><th>Características</th><th>Melhor utilização</th></tr>
<tr><td>Golden</td><td>Amarelo-dourado, polpa suculenta, sabor doce, leve acidez, crocante</td><td rowspan="2">Compota, pudim, salada de frutas, torta de maçã, tarte tatin</td></tr>
<tr><td>Pink lady</td><td>Vermelho-rosado, polpa fina e suculenta, sabor doce</td></tr>
<tr><td>Granny</td><td>Verde, sabor ácido, crocante</td><td>Salada de frutas, granita, sorvete, geleia</td></tr>
<tr><td>Gala</td><td>Vermelho-alaranjado (listrada), sabor doce, leve amargor, suculenta e crocante</td><td>Compota, pudim, salada de frutas, torta de maçã, tarte tatin, maçã ao forno</td></tr>
</table>

AMEIXA

Origem > A ameixa vem da ameixeira. Na mesma família encontramos os tipos mirabela, comum e rainha-cláudia.

Aportes nutricionais > A ameixa tem alto teor nutricional. É rica em antioxidantes, fibras, vitaminas do complexo B, vitaminas C e K, além de minerais e oligoelementos, especialmente potássio, ferro e magnésio.

Utilização > É tradicionalmente utilizada (cozida e/ou crua) em tortas e geleias. Também é assada, frita ou cozida para o preparo de sobremesas em calda. Combina-se facilmente com amêndoas, baunilha ou outra fruta da mesma família.

UVA

Origem > A uva é o fruto da videira. Desde o Império Romano (e talvez antes), usa-se essa fruta para o preparo do vinho.

Aportes nutricionais > É uma das frutas mais ricas em açúcar. É fonte de fibras e vitaminas do complexo B, vitamina C e antioxidantes (os famosos polifenóis e taninos do vinho tinto). A uva também é fonte de minerais e oligoelementos, em especial o potássio.

Utilização > Pouco utilizada como fruta fresca na confeitaria, é encontrada, graças às suas notas frutadas e doces, em massas e bolos, na forma de passas. Acompanha muito bem a amêndoa, o amendoim e o pêssego.

Legumes

Viva o casamento da baunilha com a batata-doce em uma compota, do pepino com a maçã granny em um crumble surpreendente, da cenoura com especiarias em um delicioso bolo, ou mesmo da pimenta vermelha com a framboesa em um sorbet sofisticado! Os legumes entraram recentemente, e na pontinha dos pés, em receitas ousadas da confeitaria.

Obviamente, eles não constituem uma unanimidade, por isso, neste capítulo, selecionei aqueles que parecem menos "extravagantes" na confeitaria, aqueles que se misturam a uma sobremesa doce de forma harmoniosa, resultando em preparações cada vez mais apetitosas, saborosas e saudáveis! Ricos em fibras e em minerais e com baixo teor de açúcar, eles realmente merecem seu lugar na confeitaria saudável, à qual podem acrescentar uma agradável pitada de fantasia!

AS SEIS FAMÍLIAS DE LEGUMES

Os legumes podem ser classificados em seis famílias:

> **EM FLOR:** geralmente são colhidos antes de suas flores ou botões se abrirem, caso contrário, perdem o aroma. Podem ser consumidos crus ou cozidos.

Representantes: alcachofra, couve-flor, brócolis.

> **EM FOLHA OU VERDURAS:** como o nome sugere, apenas as folhas são consumidas cruas, principalmente em saladas, com temperos que realçam seu sabor.

Representantes: repolho, espinafre, alface, escarola, aipo.

> **EM FRUTA:** são frutos tradicionalmente cozidos como outros legumes devido a seu sabor pouco adocicado. Em geral são cultivados em regiões ensolaradas, como a bacia do Mediterrâneo.

Representantes: pepino, pimentão, abobrinha, tomate.

> **EM SEMENTES OU LEGUMINOSAS:** normalmente consumimos apenas as sementes, presentes em vagens.

Representantes: feijão, grão-de-bico, tremoço, lentilha.

> **LEGUMES DE BULBO:** alguns deles crescem abaixo do solo, e outros, acima. Desses vegetais consumimos apenas o bulbo, e não as folhas (ou flores). É no bulbo que se concentram os nutrientes da planta.

Representantes: cebola, echalota, alho.

> **LEGUMES DE RAIZ OU TUBÉRCULOS:** consumimos principalmente a raiz, parte subterrânea desses vegetais.

Representantes: beterraba, cenoura, pastinaca.

BETERRABA

Origem > A beterraba é uma raiz vegetal colhida de outubro a março e consumida no inverno. Existem três variedades: beterraba açucareira (usada na produção de açúcar), beterraba forrageira (usada na alimentação de animais) e beterraba hortícola (mais de 130 variedades, entre elas amarela, branca, roxa e a conhecida beterraba-vermelha). Aqui estamos tratando da beterraba hortícola.

Aportes nutricionais > A beterraba é uma excelente fonte de antioxidantes, que conferem cor a ela. É um legume rico em micronutrientes essenciais. Geralmente pensamos que a beterraba é rica em açúcar, mas seu teor de carboidratos é bastante moderado e seu perfil nutricional é completo e benéfico. Estudos mostram que um de seus antioxidantes, aliado à sua riqueza em fibras, ajuda a reduzir os níveis de açúcar no sangue. Além disso, ela contém as melhores vitaminas, como A, K e B9. Como acontece com a maioria dos legumes, também tem vitamina C. A beterraba contém ainda uma grande variedade de minerais: magnésio, ferro, sódio e potássio.

Utilização > Possui sabor adocicado. Sua cor vermelho-púrpura é um corante alimentício natural, usado para dar cor a biscoitos, macarons e bolos. Combina facilmente com chocolate, maçã e frutas vermelhas. Em geral é apreciada cozida, em forma de purê, pois assim pode ser mais facilmente incorporada às preparações. Também pode ser prensada a frio para extração do suco.

CENOURA

Origem > Originária da Ásia (principalmente do Irã e do Afeganistão), a cenoura é uma raiz que foi inicialmente utilizada como erva aromática, por sua folhagem. Existem diversas variedades, de cores muito diferentes: laranja, branca, amarela e roxo. Começou a ser domesticada no século X na Ásia Menor, antes de se espalhar pela Europa. Pode ser consumida como "precoce", de abril a julho, "da estação", até outubro, e como "de armazenamento", no outono e inverno.

Aportes nutricionais > A cenoura é uma excelente fonte de betacaroteno, com forte poder antioxidante. Contém vitamina A e um bom teor de vitaminas do complexo B e vitamina C. Também tem alto teor de fósforo e potássio e é fonte de fibras suaves.

Utilização > De sabor doce e suave, confere uma coloração de tons alaranjados a bolos. É usada ralada em bolos de cenoura, inteira na tarte tatin de maçã e cenoura e em suco nas preparações de molhos, géis e sorbets. É apreciada associada a especiarias e frutas secas.

SALSÃO

Origem > O salsão é um vegetal folhoso nativo da bacia do Mediterrâneo. No passado, foi uma planta muito mais utilizada na medicina e na decoração do que na cozinha. Esse legume só apareceu na França no século XIX. Depois da seleção e da domesticação, foi cultivado de modo a podermos consumir seus talos (distingue-se o salsão, do qual não se utiliza a raiz, do aipo-rábano). Nas prateleiras francesas é encontrado de julho a janeiro.

Aportes nutricionais > Os talos de salsão são muito ricos em água, contêm menos glicose que a média de outros legumes e poucas calorias. É composto de fibras, mas em quantidade menor que a de outros legumes. É rico em potássio e vitaminas C, B (principalmente B9), A e K. Também contém cálcio, cobre e manganês.

Utilização > Seu sabor é levemente adocicado, com notas dominantes de erva-doce. Do talo prensado a frio é extraído um suco que pode ser encontrado em sorbets e até em géis. Muito fibroso, também pode ser usado cortado em brunoise, bem fino. Acompanha muito bem maçã, frutas cítricas e até verbena.

AIPO-RÁBANO

Origem > O aipo-rábano tem a mesma origem do salsão, mas é uma raiz. Pode ser apreciado de outubro a março.

Aportes nutricionais > É uma excelente fonte de fibra alimentar e minerais, especialmente potássio e fósforo. Além disso, é rico em vitaminas K, B5, B6, B9 e C, quando consumido cru. Esse legume tem alto poder antioxidante.

Utilização > Tem leve sabor anisado e adocicado. É descascado e depois cozido a vapor para ser transformado em purê. Confere suavidade a cremes e maciez a biscoitos. Combina muito bem com os mesmos sabores com os quais combina o salsão.

PEPINO

Origem > O pepino é um legume em fruta que surgiu na Índia há pelo menos 3 mil anos antes de se espalhar rapidamente pela Ásia e pelo Oriente Médio, chegando muito depois à Europa. Existem muitas variedades de pepino, com tamanhos diferentes. O pepino holandês é um dos mais conhecidos, assim como o caipira e o pepino para conserva. Pode ser apreciado do início da primavera ao início do outono.

Aportes nutricionais > O pepino é muito rico em água e um dos legumes menos calóricos. Típico do verão, é fonte de fibras e micronutrientes essenciais. Entre suas vitaminas e minerais estão vitamina C, potássio, sódio e fósforo.

Utilização > Seu sabor aguado, neutro, mas levemente amargo, é ideal para ser acrescentado, com ou sem casca, na preparação de um sorbet. Pode ser prensado a frio para a utilização em géis, ou misturado ralado a bolos. Combina com todos os sabores, principalmente frutas cítricas, hortelã e até ruibarbo.

ABOBRINHA

Origem > A abobrinha é um legume em fruta de origem mexicana que se espalhou por todo o continente americano e foi importado para a Europa no século XVI. No século XX se tornou popular na Itália, onde é chamada de "abóbora italiana", e em 1929 chegou à França, onde se tornou oficialmente, em francês, "courgette". Esse vegetal se apresenta em diversos tamanhos e cores. É cultivado de junho a setembro.

Aportes nutricionais > A abobrinha tem poucas calorias, mas é rica em água (promovendo saciedade), fibras, vitamina C e vitaminas do complexo B. Também é rica em antioxidantes e fonte de fósforo, magnésio e potássio.

Utilização > Seu sabor é neutro e aguado, o que permite combiná-la facilmente com todos os demais sabores, sendo o legume mais utilizado na confeitaria. Com ou sem casca, pode ser usada ralada na preparação de bolos de chocolate, pistache e mesmo frutas cítricas.

SAIBA+

Atribuímos os mesmos aportes nutricionais e utilização à abóbora e à moranga.

FUNCHO

Origem > O funcho é um legume folhoso nativo da bacia do Mediterrâneo. Por muito tempo, foi cultivado por suas sementes e frutas, usadas como condimento. Esse legume é utilizado na culinária desde a Antiguidade. É consumido de maio a dezembro.

Aportes nutricionais > O funcho contém poucas calorias, mas é rico em fibras, potássio, sódio, fósforo, cálcio, vitamina B9 e vitamina C. Oferece alto poder antioxidante.

Utilização > Com fortes notas de erva-doce, é extremamente perfumado. Combina muito bem com gengibre, frutas cítricas como bergamota e até pinhões. Pode ser cozido e esmagado até formar um purê para ser incorporado a bolos ou biscoitos. É usado também cortado em brunoise, escalfado em infusões de chá ou servido como sobremesa.

PASTINACA

Origem > A pastinaca é um legume em raiz nativo da Europa. É cultivado principalmente em países do norte e foi por muito tempo esquecido, mas voltou aos pratos no início dos anos 2000. Sua estação se estende de outubro a fevereiro.

Aportes nutricionais > Apresenta diversos benefícios, destacando-se a riqueza em fibras insolúveis, que é maior que a de outros legumes. Fornece muitas vitaminas e minerais, como vitamina B9, vitamina C, potássio e manganês. É também fonte de antioxidantes.

Utilização > Sua polpa tem sabor levemente adocicado e suave. Na confeitaria, é utilizada como purê, devendo ser descascada e cozida. Confere textura aveludada a cremes. Crua e ralada, dá maciez a bolos. Associa-se perfeitamente a frutas cítricas como laranja, à mistura das quatro especiarias e a frutas secas, como avelã.

BATATA-DOCE

Origem > A batata-doce é um tubérculo nativo dos trópicos do continente americano, tendo sido levada à Europa por Cristóvão Colombo. Hoje, em razão das importações da China e da África, esse legume pode ser encontrado o ano todo. Na França, a melhor época para a colheita é entre outubro e março.

Aportes nutricionais > Tem baixo índice glicêmico e alto poder antioxidante graças à presença de betacaroteno. É rica em fibras e vitaminas A, B6 e C. Além disso, é fonte de potássio e manganês.

Utilização > Sua polpa doce pode ser facilmente empregada na confeitaria. Cozida no vapor e transformada em purê, pode ser encontrada como sobremesa individual e acrescentada a bolos, para dar maciez, ou a pudins, devido à sua textura tenra. Pode até ser apreciada como bebida, em um café com bebida vegetal de batata-doce, por exemplo. Combina perfeitamente com baunilha, chocolate ou coco.

PIMENTÃO-VERMELHO

Origem > Também chamado de pimenta-doce, o pimentão é um legume em fruta nativo da América do Sul. Diz-se que foi cultivado pela primeira vez no México e depois importado para a bacia do Mediterrâneo. Ao contrário de muitos legumes, não existe em versão selvagem. É encontrado em muitas variedades, com diferentes formas e cores, dependendo da maturidade. A estação desse vegetal é o verão.

Aportes nutricionais > Constituído por mais de 90% de água, é rico em antioxidantes, vitamina C, minerais, oligoelementos (ferro, cálcio, potássio, fósforo, manganês e cobre) e fibras. O pimentão-vermelho é o mais maduro e mais rico em vitamina C, B6, E e betacaroteno. O pimentão-amarelo, no estágio intermediário de maturação, é o mais macio e doce, sendo ainda abundante em betacaroteno e vitamina B9. O pimentão-verde é colhido antes do amadurecimento e constitui uma excelente fonte de vitamina K, além de ser o mais rico em flavonoides, que são poderosos antioxidantes.

Utilização > Possui notas doces e levemente amargas e sua polpa é suculenta. Preparado como purê, pode ser transformado em sorbet ou calda. Cortado em brunoise, pode ser cristalizado ou cozido, formando um doce semelhante à marmelada. Combina perfeitamente com framboesa, chocolate e frutas cítricas.

ABÓBORA-HOKKAIDO

Origem > Pertence à família das cucurbitáceas. Assim como a abóbora redonda, é um legume em fruta. Apesar de ser muito conhecida no Japão, é nativa da América do Sul. Foram encontrados vestígios que apontam seu surgimento por volta de 1.200 a.C., no Peru. Esse legume só chegou à França em 1960, onde é consumido no outono.

Aportes nutricionais > É particularmente rica em betacaroteno, o que lhe confere um forte poder antioxidante. É também uma fonte de oligoelementos, vitaminas C e E. É rica em água e fibra alimentar.

Utilização > Possui sabor doce, redondo e delicado. Descascada e depois cozida no vapor, torna-se um purê que pode ser incorporado em bolos ou mesmo tortas. Devido à sua textura cremosa, também pode ser utilizada em bebidas, substituindo o leite. Acompanha bem frutas secas, chocolate e especiarias como cardamomo ou canela.

CALENDÁRIO DE FRUTAS E LEGUMES DA ESTAÇÃO[3]

Inverno

Janeiro

Frutas

- Abacaxi
- Banana
- Limão
- Maracujá
- Kiwi
- Lichia
- Tangerina
- Cidra-mão--de-buda
- Laranja
- Toranja
- Pitaia
- Pera
- Maçã

Legumes

- Beterraba
- Cenoura
- Salsão
- Aipo-rábano
- Pastinaca
- Batata-doce

Fevereiro

Frutas

- Abacaxi
- Banana
- Limão
- Maracujá
- Kiwi
- Quincã
- Lichia
- Cidra-mão--de-buda
- Laranja
- Toranja
- Pitaia
- Pera
- Maçã

Legumes

- Beterraba
- Cenoura
- Aipo-rábano
- Pastinaca
- Batata-doce

Março

Frutas

- Abacaxi
- Banana
- Limão
- Maracujá
- Kiwi
- Quincã
- Lichia
- Cidra-mão--de-buda
- Laranja
- Toranja
- Pitaia
- Pera
- Maçã

Legumes

- Beterraba
- Cenoura
- Aipo-rábano
- Batata-doce

Primavera

Abril

Frutas

- Abacaxi
- Banana
- Morango
- Kiwi
- Quincã
- Manga
- Laranja
- Pitaia
- Pera
- Maçã

Legumes

- Cenoura precoce
- Pepino

Maio

Frutas

- Banana
- Cereja
- Morango
- Framboesa
- Quincã
- Manga
- Pitaia

Legumes

- Cenoura precoce
- Pepino
- Funcho

Junho

Frutas

- Damasco
- Banana
- Cereja
- Morango
- Framboesa
- Groselha
- Manga
- Melancia
- Pêssego
- Pitaia

Legumes

- Cenoura precoce
- Pepino
- Abobrinha
- Funcho

[3] O calendário apresentado tem a França como referência geográfica. Para consultar a sazonalidade de produtos no Brasil, confira a lista organizada pela Companhia de Entrepostos e Armazéns Gerais de São Paulo (Ceagesp), disponível em: https://ceagesp.gov.br/wp-content/uploads/2015/05/produtos_epoca.pdf. Acesso em: 26 fev. 2025. [N. E.]

Verão

Julho

Frutas

- Damasco
- Mirtilo
- Groselha preta
- Cereja
- Figo
- Morango
- Framboesa
- Groselha
- Melão
- Amora
- Mirtilo
- Melancia
- Pêssego
- Pera
- Ameixa
- Uva

Legumes

- Cenoura precoce
- Pepino
- Salsão
- Abobrinha
- Funcho
- Pimentão-vermelho

Agosto

Frutas

- Damasco
- Groselha preta
- Cereja
- Figo
- Framboesa
- Romã
- Groselha
- Melão
- Amora
- Mirtilo
- Pitaia
- Pera
- Maçã
- Ameixa
- Uva

Legumes

- Cenoura precoce
- Salsão
- Pepino
- Abobrinha
- Funcho
- Pimentão-vermelho

Setembro

Frutas

- Damasco
- Groselha preta
- Cereja
- Figo
- Framboesa
- Romã
- Groselha
- Melão
- Amora
- Mirtilo
- Pitaia
- Pera
- Maçã
- Ameixa
- Uva

Legumes

- Cenoura precoce
- Salsão
- Pepino
- Abobrinha
- Funcho
- Pimentão-vermelho

Outono

Outubro

Frutas

- Abacaxi
- Marmelo
- Figo
- Romã
- Caqui
- Amora
- Pitaia
- Pera
- Maçã
- Ameixa
- Uva

Legumes

- Beterraba
- Cenoura precoce
- Salsão
- Aipo-rábano
- Funcho
- Pastinaca
- Batata-doce
- Abóbora-hokkaido

Novembro

Frutas

- Abacaxi
- Limão
- Marmelo
- Romã
- Caqui
- Kiwi
- Tangerina
- Pitaia
- Pera
- Maçã

Legumes

- Beterraba
- Cenoura
- Salsão
- Aipo-rábano
- Funcho
- Pastinaca
- Batata-doce
- Abóbora-hokkaido

Dezembro

Frutas

- Abacaxi
- Limão
- Marmelo
- Romã
- Caqui
- Kiwi
- Tangerina
- Manga
- Laranja
- Toranja
- Pitaia
- Pera
- Maçã

Legumes

- Beterraba
- Cenoura
- Salsão
- Aipo-rábano
- Funcho
- Pastinaca
- Batata-doce
- Abóbora-hokkaido

CAPÍTULO 7

Frutas e sementes oleaginosas

INTRODUÇÃO

Huuum...! Você consegue sentir os aromas?
Os doces aromas de amêndoas, avelãs, nozes, coco torrado e gergelim?

Em pasta para passar no pão, torradas, em pedacinhos nos biscoitos... As frutas e as sementes oleaginosas fazem a alegria das papilas gustativas.

Graças à sua riqueza em gorduras insaturadas, são excelentes para a saúde.

Por último, mas não menos importante: estão também cheias de proteínas, vitaminas e minerais (cálcio, zinco, ferro e magnésio)!

Frutas oleaginosas

ABACATE

Origem > O abacate vem da América do Sul. Existem cerca de dez principais variedades, incluindo o avocado, a mais difundida na França, com casca preta e áspera. Embora esse fruto cresça no pé, ele só amadurece depois de colhido.

Aportes nutricionais > É o campeão de gorduras boas. Com ele, você garante o abastecimento de ômega-9! E obtém uma quantidade muito significativa de vitaminas B9 e K1.

Utilização > Depois de amassada, a polpa substitui a manteiga com frequência, pois pode ser usada como ingrediente que confere textura a bolos secos, cremes ou mesmo mousses. Acompanha muito bem chocolate, manga, morango ou até limão, graças às suas notas aveludadas.

SAIBA+

Pode-se cortar a polpa do abacate em pedaços pequenos e desidratá-los. Deles, é obtido um pó rico em fibras, que pode ser usado no preparo de massas em geral.

COCO FRESCO

Origem > O coco é o fruto de uma palmeira chamada coqueiro. Embora essa árvore seja nativa do sul da Ásia, é atualmente encontrada na maioria dos países do cinturão tropical.

Aportes nutricionais > O coco é rico em fibras, o que é uma verdadeira vantagem. Mas não é só isso: contém ainda uma quantidade significativa de ferro e potássio! E mais: é muito rico em gorduras saturadas, o que explica porque o óleo de coco cristaliza à temperatura ambiente.

Utilização > Trata-se de um fruto multifacetado, que pode se transformar em óleo, purê, leite, água, pó, farinha e creme. Por isso, é amplamente utilizado na confeitaria, podendo ser acrescentado em todas as receitas. Combina perfeitamente com todas as frutas exóticas, chocolate e frutas cítricas, graças às suas notas frutadas e leitosas.

AZEITONA VERDE

Origem > Cultivada na bacia do Mediterrâneo há mais de 5 mil anos, a azeitona verde é um dos frutos mais antigos. Só é utilizada na confeitaria sob a forma de azeite.

Aportes nutricionais > A azeitona possui um componente muito bom: o cloreto de sódio, que conhecemos simplesmente como sal. Além disso, esse pequeno fruto também é rico em fibras.

Utilização > O azeite pode ser delicado, às vezes um pouco picante ou até apimentado, quando fresco. É muito apreciado em bolos secos, associado ao chocolate, às frutas cítricas e a ervas aromáticas como tomilho ou alecrim.

Frutas secas oleaginosas

AMÊNDOA

Origem > Proveniente da amendoeira, árvore nativa da Ásia Oriental, está presente tanto na confeitaria como na medicina desde nossos antepassados, graças às suas muitas propriedades terapêuticas. Existem dois tipos: amarga e doce. A primeira variedade, tóxica devido à presença de ácido cianídrico, depois de processada é encontrada na forma de extrato de amêndoa amarga. A segunda é aquela que consumimos. É colhida em duas épocas: como amêndoa fresca, durante um curto período (no início do verão), e como fruto seco do fim do verão até o outono.

Aportes nutricionais > É particularmente rica em fibras, vitamina E e cálcio.

Utilização > Com ou sem pele, torrada, em pó, em pasta, em farinha, caramelizada ou em óleo, a amêndoa é encontrada sob diversas formas em muitas receitas da confeitaria. As mais conhecidas talvez sejam os macarrons ou mesmo o creme frangipane. Também pode ser consumida triturada, quando fresca. Graças às suas notas aveludadas e doces, acompanha bem todas as frutas e especiarias.

CASTANHA

Origem > A castanha é envolvida por um tegumento (uma espécie de película avermelhada) e protegida por uma casca (o ouriço), que se abre quando o fruto chega à maturidade. Pesa de 5 g a 30 g, dependendo da espécie. As castanhas menores geralmente são mais apreciadas porque seu sabor é mais intenso. Elas são colhidas no outono. No Brasil, são conhecidas como castanhas-portuguesas.

Aportes nutricionais > Eis um fruto que se destaca por algo surpreendente: o baixo teor de lipídios, compensado por um alto teor de carboidratos. É quase tão rico em amido quanto um amiláceo, o que lhe confere um sabor muito suave. Também está repleto de fibras, oligoelementos e minerais.

Utilização > A castanha é muito popular e consumida de múltiplas formas: em purê, farinha, creme, glacê. Ela se camufla e permite aplicações bastante diversas na confeitaria. Acompanha muito bem chocolate, pera e baunilha.

CASTANHAS OU *MARRONS*?

Embora na França seja comumente utilizado como sinônimo de castanha, o termo *marron* também designa outra espécie. Veja a seguir algumas diferenças:

	Marron d'inde **(castanha-da-índia)**	**Castanha**
1	Tóxica	Comestível
2	Ouriço grosso, verde antes de cair da árvore, com espinhos pequenos, espaçados e curtos	Ouriço marrom, com muitos espinhos compridos
3	Cada ouriço contém um fruto; em casos raros, dois	Dois ou três frutos por ouriço
4	Formato redondo	Formato triangular achatado, com ponta pontiaguda terminando em um pequeno penacho
5	Folhas em forma de palma	Folhas simples e alongadas
6	Árvores encontradas nas cidades	Árvores encontradas em florestas e pomares

O *CRÈME DE MARRON* É FEITO COM CASTANHA-DA-ÍNDIA?

Na culinária francesa, há uma popular pasta de castanhas conhecida como *crème de marron*. Mas ela não é feita de castanhas-da-índia, que são tóxicas! Depois que o tegumento é removido, as castanhas apropriadas podem ser transformadas em purê ou pasta. O nome da pasta, portanto, é inadequado.

AVELÃ

Origem > A avelã vem da aveleira, um arbusto nativo da Ásia. Colhida do final do verão ao final do outono, é protegida por uma casca e um invólucro (pétalas presas à casca).

Aportes nutricionais > A avelã está no lugar mais alto do pódio dos frutos oleaginosos em termos de proteínas e lipídios. Isso não a impede de também ser rica em vitaminas e minerais, especialmente cálcio, magnésio, potássio e vitamina E!

Utilização > É a estrela das pastas para recheio e um dos ingredientes mais apreciados na confeitaria graças às suas notas aveludadas. É utilizada com muita frequência depois de levemente torrada, descascada ou não, triturada, em pó, em pasta, caramelizada e, às vezes, na forma de óleo. Acompanha facilmente chocolate, café, frutas vermelhas e até mesmo frutas cítricas.

NOZ

Origem > A noz provém da nogueira, árvore apreciada tanto por seus frutos quanto por sua madeira preciosa. Esse fruto existe há vários milhões de anos. Na França, é conhecido em quatro variedades diferentes (franquette, marbot, grandjean e corne). A colheita é feita no outono.

Aportes nutricionais > As nozes têm qualidades semelhantes às de outras oleaginosas, como um significativo teor de fibra, cálcio e magnésio, mas também de vitamina B, ômega-3 e outros minerais.

Utilização > É encontrada como fruta seca inteira, caramelizada, em pó ou óleo. Suas notas amadeiradas combinam perfeitamente com caramelo, pera e mel.

CASTANHA-DO-PARÁ

Origem > A castanha-do-pará corresponde à semente presente na casca do fruto da castanheira-do-pará, árvore nativa da Floresta Amazônica, nos trópicos. É consumida pelos povos indígenas da Amazônia como superalimento. A colheita ocorre de dezembro a março.

Aportes nutricionais > Essa castanha tem alta concentração de nutrientes, o que amplia todos os benefícios! Além disso, ocupa o segundo lugar no pódio em termos de teor de magnésio, depois da linhaça.

Utilização > Pouco utilizada na confeitaria francesa, pode ser aproveitada da mesma maneira que a amêndoa ou a avelã. Seu sabor suave e aveludado na boca permite combiná-la com todas as frutas e especiarias.

CASTANHA-DE-CAJU

Origem > Fruto de uma árvore chamada cajueiro, para ser consumida, a castanha-de--caju é seca e descascada.

Aportes nutricionais > Quando se trata de proteínas vegetais, compartilha o título de rainha com a amêndoa. Mas, quando se compara o teor de vitamina K1, a supera de longe.

Utilização > É muito utilizada na produção de "falsos queijos", cremes e iogurtes veganos.

MACADÂMIA

Origem > A macadâmia, nativa da Austrália, tem formato redondo. Por 5 mil anos, foi consumida pelos povos aborígenes. Depois de sua "descoberta" por John Macadam (que lhe deu o nome), em meados do século XIX, se tornou conhecida na Europa.

Aportes nutricionais > Pegue seu melhor quebra-nozes para se abastecer de ferro e manganês! Essa noz também pode satisfazer parte das necessidades de fibras.

Utilização > É utilizada triturada ou caramelizada. Tem sabor doce e aveludado graças à sua riqueza em gordura. Combina facilmente com chocolate, baunilha e outros frutos secos com notas mais pronunciadas, como avelã ou noz.

NOZ-PECÃ

Origem > A noz-pecã vem da América. Sua árvore frutífera é chamada de nogueira--pecã. Somente no século XVI foi importada pela Europa. Assim como o pistache e a amêndoa, a noz-pecã está contida em uma casca dura (fruta seca). Quando a fruta está madura, a casca se abre naturalmente.

Aportes nutricionais > Quer um remédio natural para enriquecer sua dieta com ômega-9? Coma noz-pecã e você certamente terá feito a escolha certa. Além disso, essa noz é rica em magnésio e fósforo.

Utilização > É encontrada em massas tanto inteira como triturada, em pasta ou caramelizada. Seu sabor é intenso e combina facilmente com outras frutas secas, como amêndoa, mas também com baunilha, chocolate e pera.

PINHÃO

Origem > O pinhão é uma semente encontrada sob as escamas da pinha de uma árvore chamada pinheiro-manso. É empregado na culinária e também como remédio natural. Os antigos gregos e romanos acreditavam que ele tinha propriedades afrodisíacas.

Aportes nutricionais > É uma das oleaginosas mais ricas em ferro.

Utilização > Inteiro, triturado, torrado ou caramelizado, o pinhão é utilizado principalmente na confeitaria oriental. Combina com frutas cítricas, flor de laranjeira e frutas com caroço.

PISTACHE

Origem > Proveniente da Ásia Menor, o pistache foi introduzido na bacia do Mediterrâneo há mais de 2 mil anos. Fruto do pistacheiro, está contido em uma casca que se abre assim que o fruto amadurece.

Aportes nutricionais > O pistache se destaca de seus primos oleaginosos pelo alto teor de vitamina C (é raro encontrá-la em frutas secas!). Também oferece grande quantidade de potássio e betacaroteno.

Utilização > Cru, o pistache é consumido como a amêndoa. É amplamente utilizado na confeitaria oriental, mas também na francesa. Associa-se a cerejas, framboesas, frutas cítricas ou frutas de caroço (pêssegos, damascos, etc.).

SAIBA+

A pasta de pistache puro é naturalmente verde-escura e tem sabor levemente amargo. Porém, devido ao seu alto custo, a encontramos muitas vezes misturada à pasta de amêndoa doce, acrescida de corante verde.

Sementes oleaginosas

SEMENTES DE CHIA

Origem > As sementes de chia vêm de uma variedade de sálvia nativa da América Central, cultivada há milhares de anos por maias e astecas graças às suas propriedades nutricionais excelentes. Hoje, fazem parte dos superalimentos. São encontradas em duas variedades: preta e branca. Recebem a classificação de semente mucilaginosa em razão da mucilagem rica em pectina, responsável por suas características gelificantes.

Aportes nutricionais > Se você procura um concentrado de fibras, ômega-3 e magnésio, a semente de chia é certamente a escolha certa. Mas não é só isso: você também se beneficiará da ingestão de ferro e de algumas vitaminas do complexo B.

Utilização > É muito apreciada pelos veganos pelas suas propriedades aglutinantes e gelificantes. Embebida em água, incha e forma um gel, podendo substituir os ovos nas receitas de cremes, por exemplo. Acompanha bem laticínios, frutas exóticas e frutas vermelhas.

SEMENTES DE ABÓBORA

Origem > A título de registro: os primeiros vestígios de sementes de abóbora foram encontrados em excrementos fósseis de mamutes. Essas criaturas as trituravam, participando assim do ciclo reprodutivo do vegetal. Desde então, ocorreram inúmeras hibridizações, porque a abóbora, originalmente muito amarga, não era consumida pelo ser humano. Embora existam mais de 800 variedades de abóbora, apenas alguns tipos são cultivados pela polpa e pelas sementes, como a comum, a moranga e a gila.

Aportes nutricionais > As sementes de abóbora são uma excelente fonte de proteínas e fibras vegetais. Além disso, você também encontrará nelas o ômega-3 e o ômega-9. Uma bela combinação, com certeza.

Utilização > Inteiras, trituradas, torradas, em purê ou mesmo caramelizadas, acompanham cerejas, pistache e até chocolate em sobremesas.

SEMENTES DE LINHAÇA

Origem > Provêm de uma planta chamada "linho cultivado", muito popular no mundo dos têxteis e também utilizada na confeitaria pelas propriedades nutricionais. As sementes são encontradas nas variedades marrom e dourada.

Aportes nutricionais > Assim como o óleo de linhaça, as sementes de linhaça são as campeãs do ômega-3. Além disso, estão em primeiro lugar em termos de magnésio. Contêm ainda vitamina B, minerais e oligoelementos. Sim, a linhaça é um verdadeiro concentrado de benefícios!

Utilização > Encontramos as sementes inteiras, torradas ou em forma de farinha. No entanto, para obter seus benefícios nutricionais, é importante consumi-las em pó, trituradas. Seu sabor neutro apresenta leves notas de nozes.

SEMENTES DE PAPOULA

Origem > As sementes de papoula-preta (ou papoula-azul) provêm de uma planta pertencente à mesma família da papoula tradicional e da papoula-dormideira. Ópio, morfina e codeína, extraídos da papoula-dormideira, não vêm das sementes, mas de substâncias contidas na seiva dos frutos imaturos.

Aportes nutricionais > As sementes de papoula têm um bom teor de cálcio! E não é só: também têm alta concentração de ferro, magnésio e zinco. Uma coisa é certa, você pode consumi-las sem moderação!

Utilização > Apresentam leve sabor de nozes. Apesar de seu tamanho muito pequeno, dão um toque original às receitas, conferem crocância a bolos e permitem fazer uma decoração delicada em pães. Combinam com frutas cítricas, framboesas e nozes.

SAIBA+

No Brasil, a comercialização das sementes de papoula é controlada pela Agência Nacional de Vigilância Sanitária (Anvisa).

SEMENTES DE GERGELIM DOURADO

Origem > Produzidas principalmente na África e na Índia, as sementes de gergelim vêm de uma planta oleaginosa aromática. De cor dourada quando integrais, ficam brancas depois de descascadas.

Aportes nutricionais > São um verdadeiro concentrado de minerais: contêm cálcio, ferro, magnésio e zinco. Entre as vitaminas, a B9 é a mais presente.

Utilização > Em muitas culturas asiáticas, as sementes de gergelim aparecem em diversos pratos e sobremesas, como o nougat chinês ou massas em geral. São encontradas inteiras, moídas, torradas, caramelizadas ou transformadas em óleo. Por seu sabor sutil e delicado, combinam facilmente com chocolate, mel e café.

SEMENTES DE GERGELIM PRETO

Origem > Primas do gergelim dourado, as sementes de gergelim preto vêm de uma variedade diferente de gergelim, cultivada na Ásia. É muito presente na culinária asiática e, cada vez mais, na confeitaria francesa.

Aportes nutricionais > Os benefícios nutricionais são uma questão de genética na família das sementes de gergelim. As sementes de gergelim preto têm maior concentração de nutrientes do que as de gergelim dourado. Portanto, também são ricas em fibras, ferro e magnésio.

Utilização > Com notas amargas e torradas, combinam perfeitamente com framboesa, frutas exóticas e coco. São encontradas sob as mesmas formas das sementes de gergelim dourado. Seus tons escuros dão cor a cremes, preparações crocantes e biscoitos, nos quais são utilizadas principalmente na massa.

SEMENTES DE GIRASSOL

Origem > São encontradas no núcleo do girassol. Com diversas propriedades benéficas, têm sido usadas pelos povos indígenas americanos há mais de 8 mil anos, tanto na alimentação como na medicina. São colhidas no início do outono.

Aportes nutricionais > Fazem parte das oleaginosas ricas em fibras, e esse é um dos grandes argumentos para consumi-las. Mas não é só isso, elas também contêm magnésio, fósforo e vitamina E.

Utilização > São encontradas na panificação e na confeitaria inteiras, torradas ou caramelizadas. Têm sabor neutro, o que permite usá-las facilmente em muitas combinações.

Quais sementes oleaginosas usar em cada preparação na confeitaria?

Em óleo, pó, pasta... As oleaginosas são encontradas em todas as formas, e com elas podemos preparar muitas receitas. A tabela a seguir levará você à oleaginosa certa de acordo com sua necessidade!

Utilização/Finalidade	Qual oleaginosa?	Sob qual forma?
Para decoração de bolos	Todas, exceto azeitona e abacate	Inteiras, trituradas, em pó
Para ingrediente ou decoração	Todas, exceto azeitona e abacate	Inteiras, trituradas, em pó
Para complementar ou substituir a manteiga	Todas, exceto azeitona	Purê
Para complementar ou substituir a farinha	Frutas secas e sementes que tiveram o óleo extraído	Farinha
Para dar maciez a massas/bolos ou preparar uma emulsão em creme	Todas	Óleo
Para ingrediente de um doce ou aromatizar um creme	Todas, exceto azeitona e abacate	Caramelizada
Para substituir a água ou o leite	Todas, exceto azeitona e abacate	Leite
Para substituir um creme	Frutas secas e coco	Creme

CAPÍTULO 8

Óleos essenciais, essências e hidrolatos

INTRODUÇÃO

Abram espaço para a quintessência do aroma de flores, especiarias e ervas na forma de óleos essenciais, essências e hidrolatos, ainda tão pouco usados na confeitaria!

Da agricultura orgânica à delicada extração de óleos e essências, o desenvolvimento desses néctares é uma alquimia.

Embora existam várias centenas no mercado, apenas cerca de quarenta são permitidos na culinária. Você encontrará aqui aqueles que realmente podem ser usados na confeitaria.

Óleo, essência ou hidrolato?

A diferença entre óleo, essência e hidrolato está no seu produto de origem (aquele do qual são extraídos) e/ou no método de produção.

> **Os óleos essenciais** vêm de flores, especiarias e ervas aromáticas; já as **essências** vêm de frutas cítricas. Esses dois produtos são aromas concentrados que podem ter uma ação poderosa no corpo. Portanto, devem ser empregados com moderação e obedecer a certas precauções de uso, principalmente para driblar as contraindicações.

> **A água floral, ou hidrolato**, com notas aromáticas menos potentes, é a água que resulta da destilação da massa vegetal durante a fabricação do óleo essencial. Falamos de água floral no caso de uma destilação de flores.

A FABRICAÇÃO DE ÓLEOS ESSENCIAIS E HIDROLATOS

Os óleos essenciais vêm da colheita de flores, ervas aromáticas e especiarias.

A maioria é obtida por destilação. As partes da planta que secretam moléculas aromáticas são colocadas em um destilador de aço inoxidável. O vapor d'água produzido em um tanque de água fervida é injetado no destilador, o que permite capturar os compostos aromáticos da planta.

Na saída do tanque de destilação, e sob pressão, o vapor d'água, carregado de compostos aromáticos, passa por uma serpentina, onde se condensa.

Um decantador coleta a água da destilação, o hidrolato e o óleo essencial. A diferença de densidade entre os líquidos permite que o óleo essencial seja coletado por transbordamento.

A conservação do óleo essencial e do hidrolato (ou água floral) pode ser feita à temperatura ambiente, ao abrigo da luz.

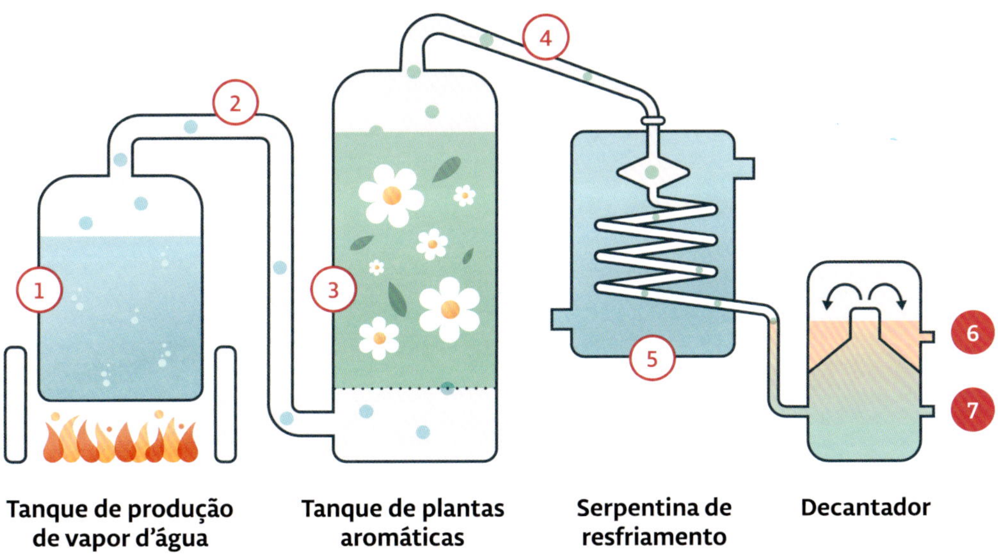

1. Água
2. Vapor d'água
3. Plantas aromáticas
4. Vapor d'água carregado de óleo essencial
5. Água fria
6. **Óleo essencial**
7. **Hidrolato**

A FABRICAÇÃO DE ESSÊNCIAS

É importante salientar que estamos tratando aqui de essências extraídas de fontes naturais. As essências cítricas são obtidas por prensagem manual ou mecânica a frio das cascas das frutas. A prensagem quebra os "reservatórios de óleo" para liberar os compostos aromáticos. As essências são armazenadas sob refrigeração e protegidas da luz.

CONDIÇÕES DE UTILIZAÇÃO

Antes de utilizar esses produtos, leia as precauções. Na verdade, certos óleos essenciais não devem nunca ser ingeridos, pois são perigosos para a saúde. Além disso, escolha apenas produtos de qualidade, que atendam preferencialmente aos critérios indicados a seguir.

ESCOLHA O ÓLEO ESSENCIAL (OE) OU ESSÊNCIA:

- que traga as menções de critério de qualidade do óleo essencial: 100% puro, completo ou integral, 100% natural;
- verificando o tipo de produto (OE, essência, hidrolato);
- verificando a parte da planta destilada (folha, casca, raiz);
- verificando as espécies botânicas, mencionadas em latim;
- orgânico.

ESCOLHA SEU HIDROLATO:

- 100% puro, completo ou integral, 100% natural;
- orgânico.

ATENÇÃO
Óleos e essências são proibidos para consumo por crianças e mulheres grávidas ou que estejam amamentando. Precauções são necessárias com pessoas sensíveis, alérgicas ou epilépticas.

Aplicações

ÓLEOS ESSENCIAIS, ESSÊNCIAS E ÁGUAS FLORAIS PODEM CONFERIR UM AROMA AGRADÁVEL A:

> Uma preparação de massa de crepe ou panqueca
OE e essência: 2 a 3 gotas para 300 g de massa total
Hidrolato: 10 g a 20 g em 300 g de massa total

> Uma receita de bolo ou madeleine
OE e essência: 2 a 3 gotas em 300 g de massa total
Hidrolato: 20 g a 30 g em 300 g de massa total

> Um creme ou mousse
OE e essência: 3 a 4 gotas em 300 g de massa total
Hidrolato: 10 g a 20 g em 300 g de massa total

> Uma fruta confitada, uma marmelada, uma pasta ou geleia de fruta
OE e essência: 4 a 5 gotas em 300 g de massa total
Hidrolato: 10 g a 30 g em 300 g de massa total

> Um xarope para umedecer
OE e essência: 4 a 5 gotas em 300 g de massa total
Hidrolato: 10 g a 30 g em 300 g de massa total

SAIBA+

Convido você a dar sabor às suas receitas com moderação e ajustar a quantidade de acordo com seu gosto.

Principais óleos essenciais, essências e águas florais utilizados na confeitaria

Angélica
Quente

Manjericão tropical
Anisado, fresco e poderoso

Hortelã-pimenta
Intenso, fresco, picante e mentolado

Canela
Quente e doce

Cardamomo
Apimentado

Menta
Canforado, intenso e fresco

Erva-cidreira
Acidulado e cítrico

Hortelã-do-campo
Moderadamente doce, fresco e mentolado

Coentro
Picante e doce

Gerânio-rosa
Floral

Alecrim cineol
A mais doce das mentas; fresco e mentolado

Gengibre
Quente, picante e cítrico

Lavanda verdadeira
Floral, herbáceo e delicado

Tomilho thujanol
Intenso, quente e herbáceo

Melissa
Fresco e levemente cítrico e herbáceo

Verbena perfumada
Cítrico e intenso

Ylang-ylang completo
Floral e jasmim

Rosa
Floral

Flor de laranjeira
Floral, acidulada e doce

Bergamota
Acidulada e doce

Toranja
Acidulada e doce

Laranja doce
Doce e frutada

Tangerina verde
Açucarada e acidulada

Limão
Acidulada e intensa

CAPÍTULO 9

Especiarias

INTRODUÇÃO

As especiarias são um tesouro para a gastronomia, conferindo sabor a pratos e sobremesas em todas as épocas.

Cobiçadas tanto por suas virtudes terapêuticas como por suas essências aromáticas, eram integralmente incluídas no cotidiano das pessoas que as utilizavam. Presentes para celebrar um ente falecido ou usadas como incenso em cerimônias religiosas, as especiarias estavam nos livros dos maiores curandeiros por seus poderosos benefícios. E, ao longo das eras, graças a seu poder aromático, alegraram refeições festivas e marcaram pratos e bebidas tradicionais.

Das grutas de Israel às pirâmides dos faraós, da Índia à América do Sul, dos maias aos gregos, elas viajaram no tempo e pelos territórios do mundo. Os exploradores levavam de suas viagens especiarias o bastante para introduzir e cultivar em novas terras.

Verdadeiras fontes de criatividade, ainda que existam muitas especiarias, selecionamos aquelas adequadas para a confeitaria. Elas são usadas em quantidades muito pequenas, têm poucas calorias e são ricas em antioxidantes. O que mais você poderia querer?

O que é uma especiaria?

As especiarias vêm das partes mais aromáticas das plantas. Cada planta produz aromas das raízes até os frutos, e são os aromas que a ajudam a repelir predadores ou a atrair insetos que vão auxiliá-la em seu processo reprodutivo. Dependendo da planta, podemos encontrar esses compostos aromáticos em partes diferentes:

> No caule

O caule permite que a água e os nutrientes circulem por toda a planta. Pouquíssimas especiarias são extraídas dele, como é o caso da canela (casca seca) e do capim-limão.

> Nas raízes e reservas subterrâneas

A raiz retira água e nutrientes do solo e os transporta para a planta. O alcaçuz, por exemplo, é uma raiz. Já as reservas subterrâneas (rizomas ou bulbos) permitem armazenar açúcares e nutrientes. Elas são a reserva energética da planta. Nessa categoria encontramos galanga, gengibre e cúrcuma.

> Na fruta

O fruto sucede a flor na planta. Contém uma ou mais sementes, permitindo que a planta se reproduza. Mas, atenção: nem todas as frutas são especiarias. Apenas algumas, graças à sua concentração de substâncias aromáticas, estão nessa categoria, como baunilha, pimenta e pimenta-do-reino.

> Na semente

As sementes contêm a valiosa bagagem de DNA das plantas. Portanto, é essencial protegê-las para que produzam substâncias aromáticas intensas. Muitas sementes são especiarias: cumaru, anis-estrelado e cardamomo, por exemplo.

> Na flor e nas folhas

As flores são muito elegantes, e por um bom motivo: sua missão é seduzir os polinizadores (insetos, pássaros, etc.) para serem fertilizadas. A flor masculina oferece-lhes o néctar e o pólen, para que seja transportado até o pistilo, o aparelho reprodutor das flores femininas. E para que esse lindo balé nupcial aconteça, a flor exala um aroma sedutor. Na família das especiarias, encontramos aquelas que possuem um aroma particularmente concentrado, como açafrão ou cravo.

É possível combinar e utilizar esses tesouros aromáticos de inúmeras maneiras. Você encontrará nas páginas seguintes sugestões de associações e usos. Deixe sua criatividade se expressar!

Anis
Noz-moscada
Açafrão
Rosa
Cúrcuma
Sumagre
Canela
Pimenta-do-
-reino
Pime-

Anis-
-estrelado
Alcaçuz
Cardamomo
Baunilha
Pimenta-
-rosa
Sal
Gengibre
Cumaru

Especiarias provenientes de cascas/caules

CANELA (CANELA-DO-CEILÃO)

Origem > A canela é a casca da caneleira, uma árvore nativa do Sri Lanka. Essa especiaria já era usada na era greco-romana. Em 1.600 a.C., era empregada na produção de incensos para rituais fúnebres. Atualmente, é cultivada em países com clima quente e úmido, especialmente na Ásia. Encontramos uma das melhores canelas do mundo no Vietnã. A casca é seca e depois enrolada sobre si mesma.

Aportes nutricionais > Com pouquíssimas calorias, a canela contém uma quantidade interessante de manganês e ferro. Também encontramos uma quantidade significativa de antioxidantes (betacaroteno e vitamina C), como acontece com muitas especiarias. Além disso, ela é rica em fibras: mais da metade do seu peso corresponde a fibras alimentares.

Notas aromáticas > Amadeirada, floral, quente.

Combinações > Maçã, pera, pêssego, ameixa, cereja, cardamomo, anis-estrelado.

CÁSSIA OU CANELA-DA-CHINA

A cássia faz parte da família da canela-do-ceilão, mas sua casca é mais grossa e mais escura. Suas notas aromáticas são mais poderosas e picantes. Vale observar também que a cássia contém cumarina (veja a seguir), e seu consumo deve, portanto, ser moderado. (A cumarina não está presente na canela-do-ceilão.)

CUMARINA

A cumarina é uma substância aromática naturalmente presente na canela e no cumaru. Em julho de 2008, a autoridade de saúde francesa definiu que a chamada "dose diária aceita" (DDA) da cumarina é de 0,1 mg por quilo de peso corporal, no máximo. Além disso, seu consumo seria tóxico para o fígado. Devemos, portanto, controlar o consumo de produtos que contêm cumarina.

CAPIM-LIMÃO

Origem > O capim-limão é uma planta nativa da Ásia. Cresce em regiões tropicais e subtropicais. No momento da colheita, de maio a outubro, os caules devem estar firmes. As folhas também podem ser utilizadas para dar sabor às receitas.

Aportes nutricionais > É rico em minerais e vitaminas do complexo B.

Notas aromáticas > Cítrica, herbácea, acidulada.

Combinações > Frutas cítricas, coco, manga, maçã, abacaxi, cardamomo, pimenta-de--sichuan, gengibre.

Especiarias provenientes de raízes/rizomas

RAIZ DE CHICÓRIA

Origem > A raiz da planta é seca, torrada e moída até se transformar em pó.

Aportes nutricionais > É muito rica em fibras: lembre-se dela se desejar diminuir o índice glicêmico das receitas. Outro ponto forte é que seu teor de cálcio e ferro não é nada desprezível. Assim como o chá e o café, contém taninos, que tendem a bloquear a absorção de ferro (de origem vegetal).

Notas aromáticas > Café.

Combinações > Pera, chocolate, baunilha.

CÚRCUMA

Origem > A cúrcuma, também chamada de açafrão-da-terra ou açafrão-da-índia, é o rizoma de uma planta tropical da família do gengibre. Desde os tempos antigos, os povos indianos dão a ela inúmeros usos — na culinária, no setor têxtil, na medicina e até na cosmetologia.

Aportes nutricionais > Essa especiaria tem um pigmento chamado curcumina, responsável por sua cor amarela-alaranjada. É essa substância que lhe confere propriedades antioxidantes e benefícios muito significativos. É também uma boa fonte de vitamina C. Contém micronutrientes valiosos, como ferro e manganês.

Notas aromáticas > Amarga, amadeirada, terrosa.

Combinações > Anis-estrelado, gengibre, cardamomo.

GALANGA

Origem > A galanga é uma planta nativa da Ásia tropical, da família do gengibre. É também sua prima mais próxima, com notas mais cítricas e apimentadas. Existem três tipos de galanga, mas, de todas, a mais utilizada é a galanga-pequena.

Aportes nutricionais > Contém polifenóis do tipo flavonoides, que lhe dão alto poder antioxidante.

Notas aromáticas > Picante, acidulada, apimentada.

Combinações > Chocolate, frutas cítricas, frutas exóticas, nozes.

POLIFENÓIS

Os polifenóis são substâncias encontradas nas flores e nas especiarias. São antioxidantes poderosos. Há centenas de polifenóis diferentes nas flores, plantas e especiarias comestíveis.

GENGIBRE

Origem > O gengibre é um rizoma cultivado principalmente na Ásia. Usado há mais de 3 mil anos, em especial pelos indianos e chineses, foi uma das primeiras especiarias asiáticas a chegar à Europa, por volta do século IV a.C. É colhido nove meses após o plantio, quando as folhas começam a secar.

Aportes nutricionais > Fornece uma quantidade significativa de antioxidantes, mas também diversos minerais, como manganês, magnésio e cobre, além de ser fonte de vitamina B9.

Notas aromáticas > Amadeirada, acidulada, picante.

Combinações > Chocolate, frutas cítricas, frutas exóticas, ruibarbo, pera.

ALCAÇUZ

Origem > O alcaçuz é o rizoma da planta de mesmo nome, nativa do sul e do leste da Europa. Egípcios, gregos e romanos o mastigavam para se refrescar e saciar a sede. No século XII, era consumido por suas propriedades medicinais; só depois passou a ser utilizado nos primeiros produtos de confeitaria. O rizoma é colhido desenterrando-se toda a planta quando ela atinge a idade de 4 a 5 anos. Os rizomas são lavados e colocados para secar durante vários meses.

Aportes nutricionais > Contém o ácido glicirrízico. Essa pequena molécula é conhecida por seu sabor doce, o que significa que o alcaçuz também pode ser usado como adoçante. Mas, cuidado: em excesso essa molécula pode fazer mal para a saúde (causando retenção de água, aumento da pressão arterial e perda de potássio). O alcaçuz tem propriedades antioxidantes. Outro cuidado necessário: durante a gravidez, em caso de hipertensão e em caso de insuficiência renal, evite consumi-lo.

Notas aromáticas > Anisada, amadeirada.

Combinações > Canela, frutas cítricas, frutas exóticas, café.

OBSERVAÇÃO
É um composto chamado anetol que dá o sabor de anis ao alcaçuz, às sementes de erva-doce e ao anis.

Especiarias provenientes de frutas

ANIS-ESTRELADO

Origem > Proveniente de um arbusto chamado badiana, essa fruta em forma estrela é dividida em carpelos. É colhida antes da maturidade e depois seca ao sol até que seja possível ver a semente e que sua cor se torne marrom-avermelhada.

Notas aromáticas > Anisada, apimentada.

Combinações > Damasco, maçã, frutas exóticas, pera.

PIMENTA-ROSA

Origem > A pimenta-rosa é originária da América do Sul. Ela também é chamada de "baga rosa" pelo seu formato e sabor picante. A pimenta, que na verdade fica em uma drupa (fruta com caroço, como o damasco), é colhida e seca. O envoltório rosa contém o miolo, com intensas notas aromáticas.

Notas aromáticas > Açucarada, frutada, picante.

Combinações > Frutas exóticas, frutas vermelhas, frutas cítricas.

ZIMBRO

Origem > Conhecido desde a Antiguidade, o zimbro, ou baga de junípero, era utilizado pelos egípcios para aliviar distúrbios digestivos e infecções urinárias. Chamadas erroneamente de "bagas", essas gálbulas são, na realidade, os cones do junípero. A fruta é colhida madura e depois seca para se transformar na especiaria.

Notas aromáticas > Cítrica, floral, amadeirada.

Combinações > Chocolate, frutas cítricas.

GRÃO DE CACAU

Origem > Os grãos do cacau estão contidos no fruto do cacaueiro, que é chamado de vagem. Uma vez aberta a vagem, são retirados os grãos e a mucilagem branca que os reveste. A mucilagem é usada para fazer pasta ou um xarope; os grãos são colocados para fermentar e depois secar naturalmente ao sol. Nessa fase, os grãos são considerados "crus" (não foram aquecidos acima de 45 °C). Na maioria dos casos, são torrados até 140 °C, para desenvolver seus aromas. A diferença entre os grãos crus e os torrados se dá em dois níveis:

> **Os grãos crus** apresentam aportes nutricionais significativos em relação aos grãos torrados (cujos benefícios em minerais, em especial magnésio, oligoelementos e antioxidantes, são parcialmente alterados durante o cozimento);

> **Os grãos de cacau torrados** apresentam notas aromáticas mais complexas e mais desenvolvidas que os grãos crus.

Notas aromáticas > Fermentada, ácida.

Combinações > Baunilha, café, pera, banana, laranja.

CARDAMOMO VERDE

Origem > O cardamomo é uma fruta nativa da Índia, onde é utilizado não só na culinária, mas também por suas propriedades medicinais, há mais de 2 mil anos. Para que sejam degustados como especiaria, os frutos verdes em forma de vagem são secos. Cada vagem contém de 15 a 20 sementes.

Notas aromáticas > Cítrica, herbácea, mentolada.

Combinações > Chocolate ao leite, clementina, damasco, maçã, pera, framboesa, cereja, baunilha.

ALFARROBA

Origem > Esse fruto provém da alfarrobeira, árvore da família das leguminosas originária do Mediterrâneo Oriental. Tem a forma de uma vagem longa, passando do verde ao marrom, cor que assume quando está maduro. As vagens são colhidas à mão, depois são extraídas as sementes e a polpa, que são secas e moídas para fazer a goma de alfarroba. Com suas notas frutadas, pode ser usada para fazer melado.

Notas aromáticas> Chocolate ao leite, baunilha, doce.

Combinações > Café, baunilha, nozes.

ALMÉCEGA

Origem > Também conhecida como mástica, a almécega é uma resina aromática obtida pelo corte do tronco de uma planta conhecida como lentisco. No período greco-romano, mastigava-se essa resina, como se fazia com o alcaçuz, para refrescar o hálito, o que deu origem inclusive à palavra "mastigar". Essa especiaria é muito utilizada na confeitaria oriental. Sua cor vai do branco translúcido ao amarelo dourado.

Notas aromáticas > Pinho, apimentada, floral.

Combinações > Maçã, figo, flor de laranjeira, água de rosas, pistache, laranja.

NOZ-MOSCADA

Origem > A noz-moscada vem do fruto da nogueira-moscada. Essa especiaria é muito valorizada por sua raridade e suas virtudes afrodisíacas. No século XVI, a demanda era tão intensa que ela se tornou mais preciosa que o ouro. O comércio de noz-moscada é há muito tempo objeto de monopólio; foi apenas no final do século XIX que os franceses conseguiram se apropriar de algumas plantas e cultivá-las. A noz é encontrada dentro de uma fruta, cercada por uma fina película, o macis, ou arilo, também chamado de "flor de noz-moscada". A noz é vermelha quando fresca e laranja quando seca.

Notas aromáticas > Amadeirada, cravo (leve), doce.

Combinações > Maçã, pera, gengibre, canela.

PIMENTA

Origem > A pimenta é originária da América Central e do Sul. Os astecas já a cultivavam para os seus rituais ou para dar sabor às suas bebidas. Existem mais de vinte pimentas diferentes, da páprica à pimenta-caiena, incluindo a pimenta spelette. As pimentas são classificadas de acordo com o seu poder aromático, ligado à presença mais ou menos significativa de capsaicina. Seja qual for a variedade, depois que se mói a pimenta, suas notas aromáticas evaporam, deixando espaço apenas para as notas picantes.

Notas aromáticas > Picante, frutada.

Combinações > Chocolate, frutas exóticas, framboesa, cereja.

PIMENTA-DO-REINO

Origem > A pimenta-do-reino é uma baga nativa do sudoeste da Índia, proveniente da pimenteira-preta, a *Piper nigrum*. É uma planta trepadeira, cujos frutos são aglomerados. As diferentes cores da pimenta estão ligadas ao seu método de colheita (ver a seguir). Existem outras bagas que levam o nome de pimenta, mas que não provêm da espécie *Piper nigrum*, como a pimenta-de-sichuan, a pimenta-caiena e a pimenta timut. Elas são chamadas de "pimentas falsas".

Variedade da pimenta	Origem mais comum (variedade)	Notas aromáticas	Produção
Verde	Índia, Madagascar	Frutadas, pouco picantes	A fruta é colhida quando começa a amadurecer, depois preservada em salmoura, desidratada ou liofilizada.
Preta	Camboja (kampot), Malásia (sarawak), China (sichuan), Madagascar (voatsiperifery)	As mais picantes e encorpadas	O grão, de cor verde, é colhido antes de amadurecer. É colocado para fermentar e secar ao sol, o que lhe confere sua cor e poder aromático.
Vermelha	Camboja (kampot), Índia (pondichéry)	Frutadas, açucaradas, pouco apimentadas	Mais rara e mais cara que outras pimentas, as bagas ficam vermelhas quando plenamente maduras. São colhidas e secas ao abrigo da luz para preservar sua cor.
Branca	Madagascar, Camboja (kampot)	A mais suaves de todas as pimentas, notas vegetais	A baga é colhida quando madura e é de cor vermelha. Depois é embebida em água salgada para eliminação do invólucro vermelho, o pericarpo. Apenas o núcleo branco permanece, e depois é seco.

IMPORTANTE
Pimenta cinza não existe. É a pimenta-do-reino preta misturada ou uma combinação de pimenta-do-reino preta e pimenta-do-reino branca.

SUMAGRE

Origem > O sumagre parece uma baga, mas na verdade é uma drupa (fruta de caroço) de uma árvore selvagem pequena. Depois de colhido, é triturado e seco.

Notas aromáticas > Frutada, picante, amadeirada, salgada.

Combinações > Manga, abacaxi, bergamota, limão, frutas vermelhas.

BAUNILHA

Origem > A baunilha é a vagem de uma orquídea nativa do México. Muitos países fizeram tentativas de cultivá-la, sem sucesso. Foi necessário esperar até o século XX, na Ilha Bourbon (Ilha da Reunião), para que uma criança escravizada de 12 anos, Edmond Albius, descobrisse o processo de polinização manual da flor de baunilha. A ilha se tornou, então, o primeiro país produtor do mundo, e esse procedimento é, ainda hoje, a técnica de referência para fertilizar cada flor de baunilha. As frutas frescas de cor verde são colhidas e depois escaldadas em banho de água pura a 60 °C por aproximadamente 3 minutos. Em seguida, são levadas à estufa por 2 a 3 dias, período durante o qual ficam pretas. Por fim, são secas por 7 semanas e refinadas para que possam desenvolver os aromas de vanilina. Dependendo da localização geográfica e do ecossistema em que crescem, desenvolvem-se aromas muito diferentes.

Notas aromáticas > Variam dependendo da origem.

Combinações > Acompanha bem todos os ingredientes da confeitaria.

SAIBA+

As vagens de baunilha devem ser preservadas em embalagem hermética, longe da luz, na geladeira ou no freezer.

OBSERVAÇÃO
Existe extrato de baunilha. Para escolher a melhor qualidade, verifique se há no rótulo a informação de que é feito a partir de extrato natural, com 35% de álcool.

Especiarias provenientes de sementes

ANIS

Origem > O anis verde vem de uma planta cujas flores e sementes são semelhantes às da erva-doce. Amplamente utilizado desde a Antiguidade por suas propriedades terapêuticas, é comumente encontrado na confeitaria, em licores e vinhos graças a seu sabor açucarado de alcaçuz. Embora seja tão semelhante às sementes de erva-doce que é possível confundi-los, nota-se que o anis tem notas mais picantes.

Notas aromáticas > Alcaçuz, picante.

Combinações > Limão, marmelo, maçã, pera.

CARDAMOMO

Origem > É também chamado de "cardamomo verde" devido à cor de suas vagens, para não ser confundido com seu primo, o cardamomo preto, de notas apimentadas e defumadas. É uma planta tropical perene e muito aromática, que contém de 15 a 20 sementes em cada vagem. Há mais de 2 mil anos, tem sido utilizado na culinária e na medicina indiana.

Notas aromáticas > Cítrica, frutada, mentolada, floral.

Combinações > Manga, maracujá, maçã, pera, chocolate, gengibre, capim-limão, café.

COENTRO

Origem > O que chamamos de "sementes de coentro" são, na verdade, os frutos de uma planta rústica. As flores dão esses pequenos frutos redondos contendo duas sementes muito aromáticas. É utilizado há mais de 8 mil anos na bacia do Mediterrâneo. Essa especiaria é encontrada em algumas bebidas alcóolicas, como o licor Chartreuse e o gin.

Notas aromáticas > Cítrica, foral.

Combinações > Laranja, maçã, pera, chocolate, frutas vermelhas.

CUMARU

Origem > O cumaru vem do teixo, uma árvore muito grande nativa da América do Sul.

Aportes nutricionais > O consumo de cumaru deve ser eventual, porque ele contém cumarina (uma substância aromática que se torna tóxica para o corpo se consumida em excesso; veja detalhes na página 132).

Notas aromáticas > Amendoada, âmbar.

Combinações > Chocolate, pera, avelã, frutas cítricas.

SEMENTES DE ERVA-DOCE

Origem > Os frutos da erva-doce parecem pequenas sementes alongadas de cor verde, que se encontram no núcleo de pequenas flores amarelas. Essa especiaria é muito popular na bacia do Mediterrâneo, onde é utilizada desde a Grécia Antiga por suas propriedades medicinais.

Notas aromáticas > Anisada, limão-siciliano.

Combinações > Ameixa, figo, amêndoa, frutas cítricas, maçã verde.

Especiarias provenientes de flores e folhas

MURTA-LIMÃO

Origem > A murta é uma árvore nativa da Austrália. A especiaria é preparada a partir das folhas secas e depois esmagadas. Os povos aborígenes a usaram por milênios como antisséptico para curar feridas, e na culinária, por seu aroma.

Notas aromáticas > Cítrica, apimentada, herbácea.

Combinações > Marmelo, pera, ameixa, maçã, banana.

ROSA

Origem > Essa especiaria, utilizada na forma de água de rosas e óleo essencial, vem da rosa-de-damasco. A fragrância está presente nos botões e nas pétalas, que são secas ou destiladas. É utilizada na confeitaria (especialmente na confeitaria oriental, onde está muito presente) e também em cosméticos e na perfumaria.

Notas aromáticas > Floral.

Combinações > Morango, framboesa, cereja, amêndoa, pistache, baunilha, lichia.

AÇAFRÃO

Origem > A especiaria é feita dos pistilos da flor. O período da colheita é muito curto, por isso ela deve ser feita antes que as pétalas se abram. Os pistilos colhidos devem estar vermelhos. Essa especiaria sempre foi cobiçada ao longo da história, sobretudo pelos soberanos, por sua raridade.

Notas aromáticas > Mel, almiscarada, floral.

Combinações > Frutas cítricas, chocolate, manga, mel, pera, morango.

Sal

Como falar sobre as especiarias que avivam nossos pratos sem mencionar o sal, um verdadeiro realçador de sabores? O sal é um ingrediente essencial na confeitaria. No processo de cozimento, colabora para dar cor à massa. O sabor salgado combina muito bem com diversos ingredientes e realça o sabor dos doces. Ele também ajuda a conservar os alimentos.

QUAL É A DIFERENÇA ENTRE FLOR DE SAL, SAL GROSSO E SAL FINO?

A **flor de sal** é a parte do sal delicadamente cristalizada na superfície da água. É o primeiro sal coletado pelo salineiro. Os cristais brancos de sal são muito ricos em minerais, pois o magnésio e o cálcio se concentram na superfície após a evaporação.

O **sal grosso** é encontrado sob a água. Ele é preservado em sua forma natural ou misturado para obter o **sal fino**.

EXISTEM MUITOS TIPOS DE SAL, DE ACORDO COM A ORIGEM E O MODO DE PRODUÇÃO. ESTES SÃO ALGUNS EXEMPLOS:

SAL REFINADO, SAL INDUSTRIAL

É o sal que passa por tratamento para conter apenas cloreto de sódio (NaCl – a fórmula do sal) em sua composição. Não contém mais nenhum oligoelemento natural. É branqueado e triturado até atingir o tamanho de partícula desejado. Graças a esse tratamento, ele se conserva por mais tempo do que em sua forma natural. É enriquecido com iodo e flúor, além de um aditivo que impede a aglomeração dos cristais. É apresentado na forma de sal fino.

SAL MARINHO CINZA, O MELHOR PARA A SAÚDE

Esse sal é obtido naturalmente a partir da evaporação da água de pântanos salgados. Sua cor cinza vem da argila da qual são feitos os reservatórios das salinas, que conferem magnésio, potássio e cálcio ao sal. Apresenta-se na forma de sal fino ou grosso e preserva certa umidade. Por não ser submetido a praticamente nenhum processamento, mantém todos os seus nutrientes.

SAL NEGRO DO HIMALAIA

Também conhecido como *kala namak*, é um sal-gema do sul da Ásia. Tem a vantagem de ser livre de poluição, dada a época em que foi formado. Tradicionalmente, é extraído da rocha em blocos e depois cozido em potes de cerâmica em um forno a carvão e com uma mistura de diferentes sementes. Daí sua cor preta. Seu sabor de ovo é consequência da presença de enxofre. Assim como seu primo, o sal rosa, contém potássio. Além disso, afirma-se que possui propriedades alcalinizantes para o corpo (ajudando combater a acidez).

SAL ROSA DO HIMALAIA

Trata-se de um sal-gema bruto, extraído de rochas próximas ao Himalaia. A tonalidade rosa se deve à presença de óxido de ferro.

Na forma de óxido, o ferro é pouco absorvido pelo organismo, portanto, é preciso contar com fontes de origem animal e vegetal (como carne bovina, vísceras, vegetais verdes, legumes ou oleaginosas) para complementar a ingestão de ferro. Além disso, esse sal não é iodado, ou seja, não atende às necessidades de iodo normalmente supridas pelo sal. Relembrando: é importante comer alimentos variados (sim, inclusive o sal!).

SAL NEGRO DO HAVAÍ, O SAL DE TERRAS VULCÂNICAS

É uma mistura de sal marinho negro e lava negra, que é constituída por carbonos ativados. Possui notas aromáticas de fumaça. Esse sal tem menos sódio que o sal convencional, portanto, é ideal quando se quer reduzir a ingestão de sal. E o carvão ativado presente naturalmente nele é uma vantagem, oferecendo vários benefícios, inclusive o de auxiliar na desintoxicação do corpo.

Dicas breves para seleção, conservação e uso de especiarias

SELEÇÃO

> Selecione especiarias que você sabe que vai utilizar.

> Compre pequenas quantidades de especiarias "inteiras", nunca moídas.

CONSERVAÇÃO

Secas ou frescas, as especiarias são produtos frágeis que devem ser mantidos longe da luz e do calor.

> Conserve-as em potes de vidro herméticos.

> Armazene-as em um armário escuro e de fácil acesso no momento de cozinhar.

USO

> Utilize um moedor de especiarias, um descascador ou uma tigela com pilão, dependendo da especiaria que deseja usar, para transformá-las em pó imediatamente antes do uso.

CAPÍTULO 10

Flores

INTRODUÇÃO

Na Antiguidade, gregos e romanos cultivavam flores comestíveis para fins medicinais.

Foi somente no século XIX que elas passaram a ser usadas como alimento, sob várias formas: como infusão, em xaropes ou em saladas. No final do século XX, no entanto, foram colocadas em segundo plano. Agora, recentemente, tornaram-se tendência, e estão retornando aos nossos pratos depois de se tornarem famosas em hotéis de luxo e restaurantes com estrelas Michelin.

Foi graças a uma nova geração de chefs que as flores voltaram a ser consideradas “apetitosas”, pois eles souberam destacar sua delicadeza – a começar pela flor de laranjeira, com sua fragrância doce e picante, e a capuchinha, com suas notas apimentadas – e combinar sabores para conquistar o público em geral. Hoje, as flores têm seu espaço na culinária caseira e, como você verá, elas fazem maravilhas.

O valor nutricional das flores comestíveis

As flores, lindas e deliciosas, são muito ricas em água e relativamente pobres em calorias. Mas isso não as impede de serem altamente nutritivas, já que são abundantes em oligoelementos, vitaminas e minerais! As pétalas contêm até mesmo os preciosos ácidos graxos essenciais ômega-3 e ômega-6 e altas concentrações de pigmentos com propriedades antioxidantes. Portanto, comer flores é uma oportunidade de se abastecer de antioxidantes e prebióticos fundamentais para uma microbiota saudável. Dependendo da flor, também encontramos vitaminas C, E, B1 e B2, betacaroteno, cálcio, fósforo e ferro. Assim como as especiarias, mesmo sendo consumidas em pequenas quantidades, as flores nos brindam com diversos benefícios!

IMPORTANTE

Nem todas as flores podem ser consumidas, e algumas são até mortais. Escolha flores conhecidas como comestíveis e evite se aventurar.

É absolutamente essencial comer flores que não tenham sido tratadas com pesticidas e que sejam provenientes de produções naturais e ecologicamente corretas.

As flores na confeitaria

FLOR DE ACÁCIA

Origem > A acácia é uma árvore da família *Fabaceae*, nativa da América do Norte, mas que se espalhou por regiões do hemisfério sul. Na França facilmente se dá o nome de acácia à robínia-falsa-acácia (mais comum). O nome "acácia" vem da palavra grega *akis*, que significa "espinho". Existem mais de 1.500 espécies de acácia no mundo. A estação de floração é muito curta: de maio a junho, e as flores são brancas.

Notas aromáticas > Floral.

Combinações > Maçã, pera, damasco.

FLOR DE HISSOPO-ANISADO

Origem > O hissopo-anisado, ou hissopo-gigante, é uma planta herbácea perene da América do Norte. Ela era usada pelos indígenas locais por suas propriedades medicinais. Suas flores tubulares azul-malva exalam um forte aroma de anis com notas de alcaçuz, atraindo insetos polinizadores.

Notas aromáticas > Alcaçuz, mentolada.

Combinações > Chocolate.

FLOR DE BORRAGEM

Origem > A borragem é originária da Síria, de onde se espalhou rapidamente pela bacia do Mediterrâneo e pelo norte da África. Ela é conhecida desde a Idade Média por suas diversas propriedades medicinais e também por suas aplicações culinárias. É particularmente rica em ácidos graxos essenciais ômega-3 e ômega-6. As flores podem ser colhidas de maio a agosto.

Notas aromáticas > Herbácea, iodada.

Combinações > Cítricos doces (limão-meyer, yuzu), amêndoa fresca, leite de amêndoa.

Capuchinha
Tomilho
Calêndula
Rosa

Lavanda
Borragem
Maravilha
Erva-de-são-joão
Camomila
Gailárdia

FLOR DE MANJERICÃO

Origem > O manjericão é uma planta nativa do sudeste da Ásia. Por muito tempo, foi considerada uma erva mágica por gregos, romanos e egípcios. Levada para o Egito há pelo menos 4 mil anos, ela se espalhou com o tempo. Atualmente, é cultivada na França, na Itália e na Europa Central. O manjericão precisa de um clima mediterrâneo. Como todas as flores, as de manjericão são ricas em antioxidantes. Elas crescem melhor no verão.

Notas aromáticas > Manjericão.

Combinações > Morango, pêssego, limão, manga.

FLOR DE CAMOMILA

Origem > A camomila romana (*Chamaemelum nobile*) é uma planta nativa da Europa e do norte da África. No passado, ela simbolizava o sol, e seu óleo essencial foi usado para embalsamar os mortos, como o faraó Ramsés II. Suas pétalas são muito apreciadas em preparações culinárias, medicinais e cosméticas, principalmente pelo seu alto teor de flavonoides. A flor é colhida de junho a setembro.

Notas aromáticas > Maçã, floral, amarga.

Combinações > Maçã, pera, pêssego, manga.

SAIBA+

No Brasil, o cultivo de papoulas da espécie *Papaver somniferum* não é permitido.

FLOR DE PAPOULA

Origem > A papoula pertence à família *Papaver*. É nativa do Mediterrâneo Oriental, do norte da África e da Ásia. A flor vermelha é muito rica em vitamina C e polifenóis. As papoulas crescem principalmente na primavera.

Notas aromáticas > Neutra, amarga, levemente adocicada.

Combinações > Frutas vermelhas, pêssego, nectarina, chocolate.

FLOR DE CAPUCHINHA

Origem > A capuchinha é uma planta nativa América do Sul. Apelidada como "agrião indiano", ela chegou à França no século XVIII. É particularmente rica em polifenóis e antioxidantes. A planta floresce de junho até o início das geadas.

Notas aromáticas > Apimentada.

Combinações > Todos os sabores.

FLOR DE ERVA-DE-SÃO-JOÃO

Origem > Essa planta herbácea é originária da Europa, do norte da África e da Ásia Central. Desses lugares, se espalhou para o resto do mundo. É muito rica em flavonoides. Em francês, é conhecida como *millepertius*, que significa "mil buracos", uma referência aos buracos nas folhas. As flores dessa planta podem ser encontradas de junho a setembro.

Notas aromáticas > Chá preto.

Combinações > Limão, damasco, pêssego, erva-cidreira.

FLOR DE CEREJEIRA

Origem > A cerejeira é originária da Grécia, de onde se espalhou para muitos outros países. Ela floresce do final de março ao início de abril e suas flores duram apenas 10 dias. No Japão, acontece o Hanami, um festival de contemplação das cerejeiras em plena floração. A flor de cerejeira é rica em açúcares vegetais e antioxidantes, principalmente devido aos polifenóis do tipo flavonoide (consulte a página 133) e aos taninos (confira o quadro a seguir).

Notas aromáticas > Frutada, floral.

Combinações > Matcha, feijão-vermelho, morango, cereja.

TANINOS

Produzidos pelas plantas como uma forma de proteção a agressões externas, os taninos são polifenóis do mundo vegetal e contêm fortes propriedades antioxidantes. São encontrados, por exemplo, no vinho tinto.

FLOR DE GERÂNIO

Origem > O gerânio doce (*Pelargonium*) é nativo do sul da África. Ele se distingue por seus frutos em forma de "bico de cegonha". Suas flores magníficas, ricas em antioxidantes, são deliciosas e frutadas, com aromas de rosa, avelã, limão-siciliano ou maçã, dependendo da espécie. As folhas são ainda mais saborosas do que as flores!

Notas aromáticas > Rosa, limão.

Combinações > Melão, framboesa, ruibarbo.

FLOR DE LAVANDA

Origem > A lavanda é originária da bacia do Mediterrâneo e já era usada pelos romanos por suas propriedades antioxidantes e seu aroma característico e calmante.

Notas aromáticas > Lavanda, áspera, amarga.

Combinações > Amêndoa, damasco, pêssego.

FLOR DE MELILOTO

Origem > Os melilotos são plantas herbáceas da família *Fabaceae*. Seu nome genérico é *melilotus*, derivado do grego *meli*, que significa "mel", e *lôtos*, que significa "lótus", procurado pelas abelhas. É uma planta muito rica em cumarinas e flavonoides, florescendo de junho a outubro. Há vários tipos de meliloto, com cores diferentes.

Notas aromáticas > Baunilha.

Combinações > Todos os sabores.

FLOR DE MONARDA

Origem > A monarda roxa é uma planta perene rizomatosa do leste da América do Norte, onde cresce em florestas, matas secas e prados. Suas flores melíferas exalam aromas de menta e bergamota.

Notas aromáticas > Laranja.

Combinações > Frutas vermelhas, frutas cítricas.

FLOR DE LARANJEIRA

Origem > A flor de laranjeira é branca e vem da laranjeira azeda, originária da China. Foi usada pela primeira vez na China e depois se espalhou pelos países árabes, pela bacia do Mediterrâneo e pela Europa. Rica em antioxidantes, é colhida de março a julho.

Notas aromáticas > Doce, floral, acidulada.

Combinações > Amêndoa, pistache, frutas cítricas, framboesa, morango.

FLOR DE DENTE-DE-LEÃO

Origem > O cultivo do dente-de-leão foi desenvolvido na região de Paris no século XIX. A planta é originária da Europa, de onde se espalhou para a América do Norte e a África. Suas flores amarelas são colhidas na primavera. As folhas, que podem ser apreciadas como infusão, são ricas em vitamina C e betacaroteno, dois poderosos antioxidantes. Observação: os caules e as raízes também podem ser consumidos.

Notas aromáticas > Ligeiramente amarga, ligeiramente doce.

Combinações > Chocolate, mel.

RAINHA-DOS-PRADOS

Origem > A rainha-dos-prados é uma planta polinizadora que cresce em locais úmidos. Ela é nativa da Europa Central, mas também pode ser encontrada na Ásia Ocidental e na América do Norte. É colhida no verão.

Notas aromáticas > Amêndoa amarga, baunilha.

Combinações > Chocolate, morango e framboesa.

FLOR DE ALECRIM

Origem > O alecrim é nativo do sul da Europa. Há muito tempo é usado na culinária, mas também é adotado por suas propriedades medicinais. A planta floresce intensamente no outono e depois novamente na primavera e no verão. Suas flores são ricas em antioxidantes.

Notas aromáticas > Alecrim.

Combinações > Damasco, pêssego, framboesa, nectarina.

ROSA

Origem > A rosa, proveniente da roseira, é celebrada desde os tempos antigos por suas cores, beleza e fragrância. A cultura dessa flor – a mais cultivada do mundo – começou há cerca de 5 mil anos, na China. Alguns tipos de roseira são chamados de “remontantes”, porque florescem várias vezes. As pétalas contêm minerais, vitaminas A, C e E, além de ácidos graxos essenciais. Elas também são fonte de proteína. Em resumo, essa linda flor é um verdadeiro concentrado de antioxidantes!

Notas aromáticas > Suave.

Combinações > Morango, framboesa.

FLOR DE SÁLVIA-ABACAXI

Origem > A sálvia-abacaxi é uma planta pertencente à família *Lamiaceae*, de origem mexicana. Seu nome vem de sua fragrância frutada, que lembra o abacaxi. Sua flor é rica em vitaminas e minerais. É uma planta sensível ao frio, florescendo no outono.

Notas aromáticas > Abacaxi.

Combinações > Damasco, pêssego, manga, abacaxi, limão.

UTILIZAÇÕES

> Aromatização de manteiga ou óleo
> Infusão para cremes ou xaropes
> Adição em massas doces, geleias ou sorvetes
> Decoração de bolos

FLOR DE SABUGUEIRO-PRETO

Origem > O sabugueiro-preto é um arbusto nativo da Europa Central, sendo encontrado ainda em outras regiões da Europa, na Ásia Ocidental e no norte da África. Há várias espécies diferentes de sabugueiro. Suas flores são particularmente ricas em flavonoides e minerais. Na mitologia, o sabugueiro é associado ao culto dos mortos. Sua floração ocorre de maio a junho.

Notas aromáticas > Suave.

Combinações > Ruibarbo, morango, pera, amêndoa, amora.

MARAVILHA (FLOR DE CALÊNDULA)

Origem > A maravilha de jardim, também conhecida como calêndula, é uma flor nativa da bacia do Mediterrâneo. As flores desabrocham de junho a setembro. O nome da planta em francês, *souci*, vem do latim *sol sequia*, "que segue o sol".

Notas aromáticas > Apimentada.

Combinações > Frutas cítricas, pera, maçã.

FLOR DE TOMILHO

Origem > O tomilho é um pequeno arbusto com incríveis propriedades aromáticas e medicinais, conhecido desde milhares de anos antes de Cristo. É frequentemente encontrado em áreas ensolaradas, como a bacia do Mediterrâneo. Suas flores são ricas em antioxidantes. As flores do tomilho podem ser colhidas de maio a julho.

Notas aromáticas > Tomilho.

Combinações > Damasco, limão, morango, toranja.

FLOR DE TÍLIA

Origem > A tília de folhas grandes é originária do sul e do centro da Europa. Durante a Revolução Francesa, a tília se tornou um símbolo da liberdade. Suas flores são ricas em vitamina C.

Notas aromáticas > Mel.

Combinações > Pistache, damasco, pera, framboesa.

VIOLETA

Origem > A violeta é nativa da bacia do Mediterrâneo, onde é conhecida desde 400 a.C. por suas muitas propriedades. Suas flores são ricas em vitaminas A e C, além de minerais. Dispostas como uma coroa, as violetas eram usadas para aliviar enxaquecas. Podem florescer na primavera, mas também no outono, dependendo da variedade.

Notas aromáticas > Floral.

Combinações > Groselha, framboesa, maracujá.

CAPÍTULO 11

Ervas aromáticas

INTRODUÇÃO

As ervas aromáticas e os microbrotos têm um valor inestimável, pois conferem aos doces uma assinatura aromática exclusiva.

Aqui você descobrirá quais deles, secos ou frescos, têm notas mais açucaradas.

Dizem que as ervas têm muitos benefícios e que, para aproveitá-las ao máximo, não há nada melhor do que optar por sua forma fresca. O ideal é adicioná-las no final do cozimento ou fazer uma infusão fria.

Ervas aromáticas

Erva	Utilização	Combinação
Endro	• Secas ou frescas, são usadas como infusão em cremes ou xaropes, picadas ou misturadas com frutas. • Podem ser combinadas para fazer um molho pesto ou doce.	maçã, limão-siciliano
Manjericão		morango, limão-siciliano
Estragão		cereja, framboesa, amora, damasco
Erva-cidreira		maçã, pera, limão-siciliano, frutas vermelhas
Hortelã		chocolate, limão-siciliano, morango, abacaxi
Azedinha		pêssego, damasco
Alecrim		damasco, pêssego, ruibarbo, figo
Sálvia-abacaxi		morango, limão-siciliano, romã, abacaxi
Tomilho		damasco, pêssego, limão-siciliano, mel
Verbena		morango, bergamota, pêssego, framboesa, pera

ENDRO

Aportes nutricionais > Além de oferecer um sabor de limão com notas sutis de anis, o endro é rico em antioxidantes, vitaminas C e B9, ferro, manganês, potássio e cálcio. Ele também fornece outras vitaminas do complexo B, vitamina E, zinco e cobre.

MANJERICÃO

Aportes nutricionais > O manjericão é rico em antioxidantes e vitamina K. É uma planta aromática rica em água, ferro, cobre e manganês, magnésio, potássio, fósforo e cálcio. O manjericão fresco também é rico em vitamina B9, C e A.

ESTRAGÃO

Aportes nutricionais > O estragão faz parte das ervas aromáticas com maior poder antioxidante. Oferece vitamina K e ferro e, desidratado, pode ser uma fonte de manganês.

ERVA-CIDREIRA

Aportes nutricionais > A erva-cidreira é particularmente rica em flavonoides, poderosos antioxidantes. Contém ainda vitaminas A e E, além de magnésio e cálcio.

HORTELÃ

Aportes nutricionais > A hortelã é fonte de ferro, manganês, magnésio, cálcio e fósforo, além de conter propriedades antioxidantes. Fornece também vitaminas A, B, C e E.

AZEDINHA

Aportes nutricionais > Ao considerar que mais de 70% da população francesa tem deficiência de magnésio, você pode se perguntar por que todo mundo não começa a comer azedinha! Ela é rica em fibras, vitaminas, minerais e oligoelementos. Com sua parcela, contribui para suprir as necessidades de provitamina A (100% da ingestão recomendada a cada 100 g) e vitamina C (¾ da ingestão recomendada a cada 100 g) – sem falar de suas propriedades antioxidantes reforçadas pela presença de carotenoides. Também é fonte de potássio, um mineral valioso para o equilíbrio ácido-base do corpo.

ALECRIM

Aportes nutricionais > Eis uma excelente fonte de ferro e vitamina B9. O alecrim também contém manganês, cálcio e potássio, além de vitamina C e vitaminas do complexo B. Seu alto teor de flavonoides faz dele uma ótima fonte de antioxidantes.

SÁLVIA-ABACAXI

Aportes nutricionais > O nome dessa erva faz referência a suas notas pronunciadas de abacaxi. Tem propriedades antioxidantes, vitaminas K, A, B6 e ferro. Suas flores vermelhas, com notas sutis, também podem ser consumidas.

TOMILHO

Aportes nutricionais > O tomilho é uma fantástica fonte de ferro, vitamina C e betacaroteno, com excelentes propriedades antioxidantes. Oferece ainda cálcio, manganês, potássio, cobre e vitaminas do complexo B, além de vitamina K (presente apenas no tomilho desidratado).

VERBENA

Aportes nutricionais > Sempre deve-se ter verbena em casa! Não apenas por seu aroma delicioso, mas também por seus muitos benefícios, que resultam do alto teor de polifenóis, especialmente flavonoides, e compostos aromáticos.

Microbrotos

Existem muitos microbrotos que podem ser utilizados para complementar sobremesas açucaradas, tanto esteticamente quanto em termos de sabor. Aqui você descobrirá aqueles que são mais comumente empregados na confeitaria.

Assim como as ervas aromáticas, você pode cultivá-los para ter em casa os que lhe forem mais convenientes.

O QUE É UM MICROBROTO?

Uma semente de legume ou erva germinada e depois exposta à luz. Em uma semana, aparece o microbroto: pequenos caules com folhas. Aromático e, acima de tudo, um concentrado de benefícios até 40 vezes mais significativo que o das ervas aromáticas.

Produto	Notas aromáticas	Combinações
Atsina	anis açucarado	damasco, pêssego, limão-siciliano, maçã
Flor de anis	anis, estragão	coco, maçã
Limão	anis, limão-siciliano	chocolate amargo, frutas cítricas
Shissô verde	anis, hortelã	limão-taiti, abacaxi, framboesa, chocolate
Shissô vermelho	cominho	pêssego, mirtilo, laranja, maçã, pera
Uva shiraz	ácido, suave	damasco, pêssego, figo, framboesa, maracujá
Flor de maçã	acidulado, maçã-verde	maçã verde, limão-siciliano, banana, manga, pêssego
Jasmim	jasmim	cereja, framboesa, chocolate
Manjericão	cravo-da-índia	frutas cítricas, damasco, pêssego, abacaxi

MÉTODO DE PRODUÇÃO

1 > Selecione as sementes que você deseja cultivar.

2 > Deixe-as de molho em água por 6 a 8 horas.

3 > Pegue dois pratos para plantas idênticos e fure o superior.

4 > Despeje água no primeiro prato e, em seguida, adicione composto orgânico no segundo.

5 > Despeje as sementes no composto orgânico até cobri-lo completamente.

6 > Pulverize com água.

7 > Cubra por 3 dias com um terceiro prato.

8 > Em seguida, remova o prato da parte superior e deixe o microbroto crescer por uma semana exposto à luz.

Os microbrotos estão prontos para serem colhidos e consumidos imediatamente.

CAPÍTULO 12

Texturizantes e corantes naturais

INTRODUÇÃO

A confeitaria é uma arte na qual a matéria recorre à química e a certos "agentes" para que a textura, a cor, a aparência e o sabor dos pratos sejam ressaltados.

É uma habilidade em que a técnica é colocada a serviço da beleza e do bom gosto. *Pièce montée, entremet, bûche*... Seja qual for a receita, os texturizantes sempre desempenham um papel importante na confeitaria, tanto em termos de textura quanto de conservação. Os agentes corantes ajudam a ressaltar a aparência do trabalho culinário, para que ele seja, também, um banquete para os olhos.

O que é um texturizante?

Um agente de textura é um aditivo que não tem valor nutricional, desempenhando uma função exclusivamente técnica em uma receita. Ele se liga à água para engrossar, gelificar ou emulsionar uma preparação. Os texturizantes podem ser classificados de acordo com sua função, da seguinte maneira:

> **Espessante:** aumenta a viscosidade de uma mistura.

> **Gelificante:** confere consistência de gel a um produto à base de creme ou de frutas.

> **Estabilizante:** preserva a maciez de uma massa, retarda o derretimento do sorvete e melhora a vida útil de um produto.

> **Emulsificante:** contribui para a mistura de dois ingredientes que não se misturam naturalmente.

> **Aglutinante:** une partículas sólidas.

> **Fermento:** permite incorporar ar sob a ação de um batedor para produzir uma textura arejada e espumante.

Esses aditivos podem ser identificados nas embalagens de produtos alimentícios industriais com os códigos E400 a E499 (exceto, é claro, quando o texturizante é natural e não faz parte da família "400").

E podem ser proteínas	ou polissacarídeos derivados
de origem vegetal: proteína de ervilha, trigo e soja. **de origem animal:** gelatina ou ovos.	**de vegetais:** pectina, guar, alfarroba, goma tara, etc. **de algas:** alginato, ágar-ágar, carrageninas. **da fermentação de micro-organismos:** xantana, gelana. **de um processo de síntese:** derivados de celulose.

ÁGAR-ÁGAR (E406)

Deriva de uma alga vermelha da qual a mucilagem é extraída e depois desidratada.

É usado em quantidades muito pequenas para gelificar mousses, gelatinas e até ganaches. O ágar-ágar precisa ser diluído em água e a mistura deve ser fervida para ativação. A gelificação ocorre com seu resfriamento e pode ser revertida termicamente. O ágar-ágar não tem sabor e é muito usado para substituir a gelatina ou a pectina.

ALGINATO DE SÓDIO (E401)

Deriva de uma alga marrom da qual é extraído o algin, um composto derivado da parede celular da alga e que confere a ela grande flexibilidade. No cozimento, ele se mistura com a água, e não tem sabor nem odor. Sua ativação ocorre na presença de cálcio, ainda que em quantidades muito pequenas.

Para usá-lo, pode-se misturá-lo a uma pequena quantidade de açúcar da receita (para evitar grumos) e despejá-lo na preparação sem parar de misturar. O gel obtido é irreversível. Esse é o agente de textura ideal para gelificar confit de frutas a frio, conservando vitaminas e outros micronutrientes.

AQUAFABA

Obtida da água do cozimento de grãos-de-bico, pode ser feita em casa. A proteína do grão-de-bico é liberada na água e depois concentrada por evaporação parcial.

Quando a água do cozimento esfria, deve-se batê-la até obter a textura espumosa e firme de merengue.

Substitui a clara de ovo, podendo ser utilizada no preparo de mousses ou merengues de base vegetal.

GOMA ARÁBICA (E414)

Também conhecida como goma acácia, é proveniente do exsudato de seiva de algumas espécies da árvore de mesmo nome. Esse exsudato escorre pelo tronco e tem a aparência de uma resina dura. Depois de colhida, a goma é dissolvida, filtrada e, por fim, seca. Ela é incolor, inodora e insípida. Altamente benéfica, é comercializada como suplemento alimentar ou texturizante.

Dissolve-se perfeitamente em água fria. Para usá-la, deve-se dosar a quantidade entre 0,2% e 0,5% da massa total da receita. Tem propriedades espessantes e emulsificantes. É utilizada para dar liga ou engrossar cremes, como creme de leite ou creme de confeiteiro. Substitui principalmente a farinha de milho. Também é usada em massas fermentadas, como brioches, e em doces, para dar mais maciez.

GELATINA

É obtida do colágeno extraído da pele de animais e peixes. Não é considerada um aditivo, mas um ingrediente.

De cor levemente amarelada, pode ser usada na forma de folhas ou pó. Em pó, precisa ser hidratada em água fria (7 vezes o seu peso) por 1 hora e, em seguida, derretida a, no mínimo, 55 °C para uso imediato ou armazenamento em geladeira.

Já as folhas devem ser mergulhadas uma a uma em um recipiente com água fria pelo mesmo intervalo. Depois de espremidas, estão prontas para integrar a receita.

GOMA GUAR

É extraída dos grãos de guar e pode ser utilizada de duas maneiras: a frio, adicione de 0,5% a 2% do peso total da receita de goma guar e misture; para fazer pão sem glúten, adicione 4 g de goma guar para cada 400 g de farinha.

Essa goma é encontrada em muitas receitas de sorvete e sorbet pois atua como estabilizante de texturas cremosas.

GOMA DE ALFARROBA

Essa goma vem da semente da alfarrobeira. Depois da lavagem da semente, retira-se o germe, que é transformado em pó. Não se deve confundir a goma com a farinha de alfarroba, que é feita a partir da polpa e da vagem da planta.

Utiliza-se na proporção de 2 g a 10 g por quilo para engrossar molhos ou dar textura a sorvetes, misturando-a aos extratos secos da receita e, em seguida, despejando-a na preparação. A frio, ela é batida; a quente, é levada à fervura.

GOMA DE KONJAC

A goma ou farinha de konjac vem do tubérculo de uma planta nativa da Ásia. É um ingrediente conhecido há milhares de anos como espessante natural. Possui textura gordurosa e viscosa que, em algumas receitas, pode substituir a manteiga. Assim como o alginato, dá textura a preparações frias e quentes.

Tem sabor neutro e se mistura à preparação na presença de água. Uma vez ativado, o gel é irreversível.

INULINA

Essa fibra vem da raiz da chicória ou do agave. É solúvel em água e, quando misturada, apresenta uma textura gelatinosa. Conhecida por seu alto teor de fibras, é considerada um prebiótico, e por isso também é comercializada como suplemento alimentar.

É frequentemente utilizada em sorvetes e sorbets. A dosagem é de 50 g a 100 g por quilo. Deve ser misturada aos ingredientes secos da receita e levada à fervura.

PROTEÍNA DE ERVILHA

É proveniente da ervilha amarela, que é muito rica em proteínas compostas de aminoácidos essenciais. Tem o poder de expandir as claras de ovo, podendo, portanto, ser utilizada para fazer merengue de base vegetal, como a aquafaba. A dosagem é de 0,5% a 2% da massa líquida total.

PSYLLIUM

Muito rica em fibras, essa semente é bastante recomendada como suplemento alimentar porque é um probiótico que atua na saúde intestinal. A variedade clara é mais conhecida, mas também existem variedades pretas e marrons.

Pode substituir parte do açúcar em uma receita de biscoito ou merengue, o que ajuda a reduzir facilmente o IG de uma preparação.

Nas receitas de pão, utilize 20 g de psyllium para cada 400 g de farinha.

Corantes naturais

Estes são os ingredientes para colorir naturalmente suas massas e receitas:

> **Corante vermelho:** beterraba ou morango desidratado.

> **Corante vermelho-alaranjado:** páprica.

> **Corante amarelo:** cúrcuma.

> **Corante verde-claro:** matcha.

> **Corante azul:** espirulina azul.

> **Corante marrom:** cacau em pó ou borra de café.

> **Corante preto:** carvão ativado.

Vitaminas e minerais:
onde encontrar os aportes nutricionais

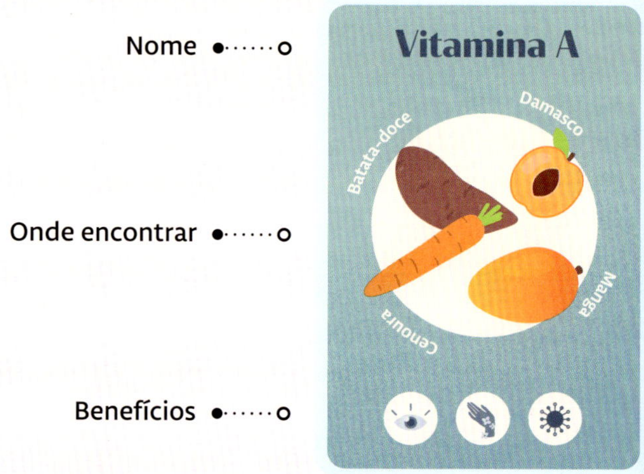

Vitamina B1
Nozes e sementes
Farinhas integrais
Leguminosas
Vitamina B2
Verduras
Ovos
Amêndoas
Vitamina B3
Sementes de girassol
Produtos integrais
Leguminosas
Vitamina B5
Ovos
Laticínios
Leguminosas
Abacate
Vitamina C
Frutas vermelhas
Frutas cítricas
Kiwi
Mamão papaia
Pimentão
Vitamina D
Margarina
Ovos
Queijo branco
Vitamina E
Abacate
Óleos vegetais
Nozes e sementes
Vitamina K1
Verduras
Óleos vegetais
Magnésio
Banana
Abacate
Nozes e sementes
Cacau
Fósforo
Cereais integrais
Laticínios
Nozes e sementes
Potássio
Banana
Legumes verdes e verduras
Frutas com caroço
Leguminosas
Selênio
Castanha-do-pará
Ovos
Ômega-9
Azeite de oliva
Óleo de nozes
Azeitonas
Óleo de abacate
Fibras
Cereais integrais
Frutas e legumes
Farinhas integrais
Nozes e sementes
Leguminosas

Os benefícios dos nutrientes:

fortalecendo o corpo de dentro para fora

Sangue de alto desempenho

Carboidratos > Primeira fonte de energia usada pelo organismo ao se movimentar.

Fibras > Ajuda a reduzir os picos de açúcar no sangue.

Vitamina K > Promove a coagulação do sangue.

Sistema imunológico

Proteínas > Para cicatrização e recuperação mais rápidas.

Ferro > Para combater gripes e resfriados.

Vitaminas C e D > Para estimular o sistema imunológico.

Músculos de aço

Proteína > Mantém a massa muscular, para que você fique forte como uma rocha.

Cálcio e potássio > Para ativar a contração muscular que possibilita o movimento.

Na cabeça

Ômega-3 e ômega-9 > Possibilitam o desenvolvimento e o funcionamento adequados do cérebro.

Betacaroteno > Ajuda a produzir vitamina A. É também um antioxidante que ajuda a combater os radicais livres.

Potássio > Para um sistema nervoso de alto desempenho.

Vitamina A e ômega-3 > Contribuem para uma visão saudável.

Cálcio e vitamina D > Para abocanhar o melhor da vida (solidificação dentária).

Tireoide

Iodo > Indispensável para uma tireoide funcional! A tireoide é uma pequena glândula que produz hormônios essenciais para regular as funções vitais, como sono, crescimento, gasto de energia e fome.

Do lado esquerdo do peito

Vitamina E, ômega-3 e ômega-9 > Para um coração saudável.

Colesterol HDL > Para eliminar o excesso de colesterol e prevenir doenças cardiovasculares.

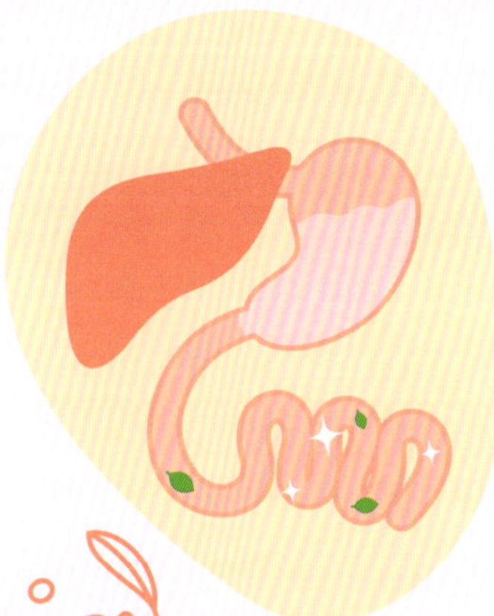

Digestão em dia

Gorduras > Essenciais para as reservas de energia.

Ômega-9 > Para regular os níveis de colesterol.

Colesterol HDL > Esse é o colesterol bom. Captura o excesso de colesterol no sangue.

Fibras > Para melhorar o trânsito intestinal e evitar a diarreia e a constipação.

Fermentos lácticos > Bactérias benéficas que mantêm a flora intestinal equilibrada.

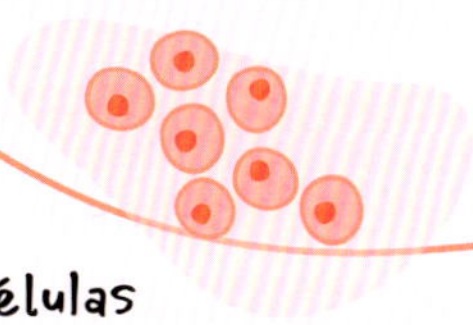

Ossos sólidos

Vitamina D > Para manter os níveis de cálcio.

Cálcio e vitamina K > Para ossos fortes.

Ômega-3 > Particularmente benéfico na prevenção da oxidação das articulações.

Mimando as células

Vitaminas do complexo B > Para multiplicação celular.

Vitaminas C e E > Antioxidantes particularmente eficazes no combate aos radicais livres (resíduos criados pelo corpo) e na redução da morte celular.

Ômega-9 > Para células fortes (usado na composição da membrana celular).

Zinco > Um antioxidante para uma pele e cabelos incríveis!

Receitas

CONFEITEIRAS E CONFEITEIROS, BEM-VINDOS À PARTE MAIS DELICIOSA DESTE LIVRO!

Tenho o prazer de compartilhar aqui meus segredos para criar sobremesas que são, ao mesmo tempo, deliciosas e equilibradas, usufruindo da diversidade de ingredientes que a Mãe Natureza tem a oferecer.

Nesta parte, você encontrará uma série de receitas, desde a famosa massa sucrée, que deixará suas tortas ainda melhores, até o saboroso bolo mármore, sem esquecer das minhas criações próprias. Preocupada em satisfazer a todas as dietas alimentares e levando em consideração as alergias comuns, desenvolvi alternativas sem glúten, com baixo IG e vegetarianas.

Você também descobrirá ideias para personalizar as receitas de acordo com seu paladar. Quero incentivar você a fazer as próprias experiências e criações e a adaptá-las ao seu estilo de vida. A confeitaria deve ser uma forma de agradar a si mesmo, e espero que essas receitas sejam uma inspiração para explorar novos sabores enquanto você cuida de si e das pessoas que as degustarão.

Aqui vão alguns conselhos breves e truques básicos antes de começar:

ADEUS, FERMENTO QUÍMICO

Para 10 g de fermento não químico:

- Misture 5 g de bicarbonato de sódio (básico) a 5 g de suco de limão (ácido).
- Acrescente a mistura à preparação pouco antes do cozimento.
- Se precisar deixar a preparação descansar, adicione a mistura à massa imediatamente antes de assar.

ADORAMOS OS ORGÂNICOS

Damos preferência a produtos orgânicos para termos à disposição ingredientes crus livres de substâncias químicas, especialmente as frutas cítricas, que adoramos usar em nossos doces. A cereja do bolo é que também estamos ajudando a promover a agricultura sustentável, que preserva a biodiversidade.

COMBINE FARINHAS

Há apenas uma farinha em seu armário? Quer misturar várias farinhas? Então vá para a página 33 para escolher a(s) farinha(s) que melhor se adapta(m) às suas necessidades. Só um cuidado: algumas farinhas têm sabor forte e outras podem colorir a massa com seu pigmento escuro ou produzir um efeito muito quebradiço. Cabe a você escolher a mistura certa!

A COCÇÃO

Cocção em forno, desidratação ou ainda cocção a vapor; são muitas, e relativas, as variáveis de tempo e temperatura. Dependendo do equipamento e da quantidade de produto que está sendo cozida, tudo isso pode variar. Portanto, atenção: quando o cozimento dá errado, às vezes é preciso começar tudo de novo.

MARGARINA OU MANTEIGA?

Os dois ingredientes funcionam! Você pode substituir uma pela outra.
Veja esta receita fácil de margarina caseira:

- 100 g de óleo de coco
- 100 g de purê de castanha-de-caju
- 10 g de azeite de oliva
- 50 g de água

Misture todos os ingredientes e molde.

LEITE DE VACA OU BEBIDA VEGETAL?

Um substitui o outro em quantidades iguais.
Se você quiser fazer suas próprias bebidas de base vegetal, consulte o guia de preparação na próxima página.

À BASE DE SEMENTES OLEAGINOSAS E FRUTAS (EXEMPLO COM AMÊNDOA)

Sementes oleaginosas e frutas	Ingredientes	Preparo
amêndoa, avelã, coco, castanha, castanha-de-caju, gergelim	com as amêndoas inteiras	Deixe 30 g de amêndoas de molho por 24 horas. Escorra e adicione 300 g de água. Bata no liquidificador por 1 minuto. Coe no passador chinois. Guarde o suco na geladeira e desidrate os resíduos no forno a 100 °C para fazer amêndoa em pó.
	com a pasta da amêndoa pura	Misture 10% de sementes oleaginosas puras ou pasta de frutas com 90% de água. Mexa e use imediatamente. Leve à geladeira e mexa antes de usar.

À BASE DE CEREAIS E LEGUMINOSAS (EXEMPLO COM AVEIA)

Cereais e leguminosas	Ingredientes	Preparo
espelta ou trigo-vermelho, arroz, aveia, quinoa, trigo-sarreceno, soja	com flocos	Durante 30 segundos a 1 minuto, bata no liquidificador 50 g de aveia com 500 g de água – isso evita que haja resíduos. Coe em peneira fina para obter uma bebida perfeitamente fluida.
	com farinha	Bata 10% de farinha com 90% de água por 1 minuto.

VAMOS RECICLAR!

Frutas cítricas > Depois de usar as raspas e o suco de uma fruta cítrica, corte-a em pedaços pequenos e desidrate-os no forno a 100 °C ou em um desidratador – ou, ainda, deixe-a ao sol por vários dias. Em seguida, triture até obter um pó. Polvilhe o pó sobre a massa de bolos, madeleines ou doces.

Baunilha > Depois de utilizar as sementes da vagem, coloque-a para secar ao ar livre durante vários dias. Quando ela estiver completamente seca, você pode triturá-la para obter um pó. Conserve-o em um recipiente hermético, longe da umidade. Misture-o à manteiga ou à margarina caseira para preparar bolinhos, biscoitos ou bolos.

Casca de ovo > É rica em cálcio, magnésio e ferro. Consumi-la é muito simples. Ferva as cascas, seque-as e triture-as. Esse suplemento alimentar de sabor neutro pode ser polvilhado em seus pratos diários.

Chá > Após utilizar o chá para fazer uma infusão, seque-o e triture-o para fazer um pó. É ideal para aromatizar massas e biscoitos.

Frutas > As cascas das frutas podem ser desidratadas e trituradas. O pó deve ser mantido em um recipiente hermético e pode ser polvilhado sobre a massa de bolos ou biscoitos para adicionar fibras.

Pão > O pão adormecido pode ser transformado em croutons. Para isso, corte-o em cubos. Adicione um pouco de azeite de oliva e alho amassado. Misture tudo e leve ao forno a 100 °C ou frite na frigideira. Para quem gosta de doces, ele também pode ser transformado em torradas francesas ou rabanadas.

Sobras de bolos e biscoitos > Você pode esmigalhar as sobras e usá-las como base para cheesecakes, em pudins ou para fazer bolinhos no palito (molde-os em bolas e cubra-os com cobertura de chocolate).

Receitas de base

glúten nozes, sementes ou castanhas*

Massa sucrée

Rende 4 bases de torta • Preparo: 20 minutos • Cozimento no forno: 12 minutos

25 g
de água

50 g
de manteiga
Alternativa vegetariana:
50 g de purê de amêndoa

70 g
de farinha de espelta ou trigo-vermelho
Alternativa à farinha:
substitua por 50 g de farinha de milho e 30 g de farinha de arroz, removendo 5 g de água

40 g
de amêndoa em pó

1 g
de flor de sal

40 g
de açúcar mascavo
Alternativa de baixo IG:
substitua por 40 g de açúcar de coco ou 55 g de eritritol

40 g
de farinha de arroz integral

PREPARO

- Misture o açúcar com as farinhas e a amêndoa em pó.
- Acrescente a água e a flor de sal e finalize com a manteiga.
- Espalhe a massa, deixando-a com 3 mm de altura, entre duas folhas de papel-manteiga.
- Asse a 160 °C por 12 a 15 minutos.

UM TOQUE A +

Incremente sua massa crua com sementes de chia, sementes de gergelim preto, pó de tomilho-limão seco, pó de limão ou ainda sementes de erva-doce trituradas.

* dependendo da bebida vegetal utilizada

OVO

Massa sablée

Rende 40 palitos • Preparo: 20 minutos • Cozimento no forno: 12 minutos

MASSA SABLÉE

- Misture na batedeira (com uma pá tipo raquete) a manteiga e o açúcar de tâmara.
- Adicione gradualmente o sal, as farinhas, a amêndoa em pó e a água.
- Espalhe a massa, deixando-a com 5 mm de altura, entre duas folhas de papel-manteiga.
- Corte em palitos de 1 cm de largura e 10 cm de comprimento.
- Leve ao freezer por 15 minutos.
- Disponha os palitos em uma assadeira sobre uma placa de silicone microperfurada e asse a 160 °C por 12 minutos.

GLACÊ DE COCO E LIMÃO-SICILIANO

- Derreta a manteiga de cacau e adicione o purê de amêndoa.
- Bata tudo.
- Coloque os palitos no freezer por alguns minutos e mergulhe-os no glacê a 35 °C, depois decore com o coco ralado misturado às raspas de limão-siciliano.

UM TOQUE A +

Depois da cobertura, incremente os palitos colocando pétalas de rosa secas, sementes de gergelim ou chá em pó.

ovos nozes, sementes ou castanhas*

Massa choux

Rende 15 profiteroles • Preparo: 40 minutos • Cozimento no forno: 20 minutos

Alternativa vegetariana

Não temos uma opção vegetariana digna do nome para compartilhar com você. Ainda estamos trabalhando nessa receita.

PREPARO

- Aqueça o leite, a água, o óleo, o açúcar e o sal, sem ferver, por 30 segundos.
- Retire do fogo e acrescente as farinhas peneiradas de uma só vez.
- Misture e retire o excesso de umidade da massa, ainda fora do fogo, por 30 segundos.
- Quando a massa se soltar da tigela, transfira-a para o processador de alimentos e trabalhe-a com a pá tipo raquete para esfriar.
- Assim que ela começar a amornar, adicione os ovos batidos em ponto de fio, aos poucos, até atingir a textura desejada. A massa deve ficar lisa e brilhante, caindo da pá em forma de V.
- Coloque os profiteroles em uma assadeira antiaderente e asse a 180 °C por 20 a 30 minutos, dependendo do tamanho dos profiteroles.

IMPORTANTE
Para evitar grumos na massa, é preciso aquecer os líquidos a 80 °C antes de adicionar as farinhas. Nessa receita, a farinha de milho pode formar grumos se for misturada a um líquido que esteja a uma temperatura acima de 80 °C.

*dependendo da bebida vegetal utilizada

UM TOQUE A +

Você pode transformar sua massa choux em salgada (gougères) substituindo o açúcar por pimenta e acrescentando 40 g de queijo ralado (emmenthal ou os tipos franceses ossau-iraty e comté).

ovo glúten

Rocambole

Para 1 massa de 30 cm a 40 cm • Preparo: 20 minutos • Cozimento no forno: 8 minutos

2
claras de ovo

2
gemas de ovo

2
ovos

40 g
de açúcar mascavo
Alternativa de baixo IG:
substitua por 50 g de eritritol

40 g
de farinha de espelta
ou trigo-vermelho
Alternativa à farinha:
substitua por 50 g de
farinha de junça

20 g
de fécula de
araruta

PREPARO

- Peneire a farinha e a fécula.
- Bata os ovos com as gemas e o açúcar até atingir uma textura de mousse.
- Bata as claras em neve separadamente.
- Incorpore delicadamente as claras em neve à mistura anterior.
- Finalize polvilhando a farinha e a fécula.
- Espalhe a massa em uma assadeira de 30 cm × 40 cm com uma base de silicone.
- Asse a 180 °C por 8 minutos.

Alternativa vegetariana

200 g de iogurte vegetal
50 g de bebida vegetal
4 g de vinagre de maçã
30 g de óleo neutro
80 g de farinha de trigo T65
40 g de açúcar demerara
4 g de psyllium
1 g de bicarbonato de sódio
1 g de sal marinho cinza fino
1 g a 2 g de cúrcuma em pó

- Misture o iogurte, a bebida vegetal e o vinagre de maçã e deixe descansar por 10 minutos.
- Enquanto isso, em uma tigela, misture a farinha, o açúcar, o psyllium, o bicarbonato de sódio, o sal e a cúrcuma.
- Passados os 10 minutos de repouso, incorpore o óleo ao iogurte e misture bem.
- Despeje a mistura na tigela com a farinha. Misture com o fouet.
- Espalhe em uma assadeira de 30 cm × 40 cm com uma base de silicone.
- Asse a 180 °C por 12 minutos.

UM TOQUE A +

Para incrementar seu rocambole, use corantes naturais, como ficocianina (azul), cúrcuma (amarelo), páprica (vermelho), matcha ou espirulina (verde).

Para decorar e/ou acrescentar sabor, polvilhe flores secas antes de despejar a massa sobre a base de silicone e, em seguida, leve-a para assar.

O rocambole pode ser aromatizado com frutas cítricas e/ou embebido em uma mistura de óleo de semente de uva (50 g) e óleo essencial de frutas cítricas (1 gota) após o cozimento.

glúten ovos

Bolo macio de amêndoas

Rende 1 bolo redondo de 18 cm • Preparo: 20 minutos • Cozimento no forno: 16 minutos

Alternativa à farinha: substitua por 10 g de farinha de amêndoa ou 5 g de farinha de grão-de-bico

PREPARO

- Preaqueça o forno com ventilação a 160 °C.
- Unte um aro ou uma fôrma redonda de 18 cm de diâmetro com óleo neutro.
- Bata o ovo e a gema com o açúcar.
- Adicione a amêndoa em pó, depois a farinha de einkorn e o psyllium.
- Bata a clara em neve até ficar firme. A textura deve ser flexível e ligeiramente rígida (textura de espuma de barbear). Incorpore-a à mistura com uma espátula pão-duro.
- Despeje a mistura na fôrma.
- Asse a 170 °C por 16 minutos.
- Deixe esfriar antes de remover o aro ou desenformar.

Para uma textura supermacia, bata o ovo, a gema e o açúcar até obter uma textura de mousse.

Para uma receita supermacia, despeje a mistura no aro e asse a 160 °C por 20 minutos.

Para obter um bolo fino, divida a mistura em 2 aros ou fôrmas de 18 cm e asse a 160 °C por 16 minutos.

Alternativa vegetariana

Substitua a clara de ovo por aquafaba (água de cozimento do grão-de-bico) e os ovos por 15 g de óleo de semente de uva e 10 g de amido de milho misturada à farinha.

UM TOQUE A +

Incremente o bolo adicionando lascas de amêndoa, lascas de avelã, raspas de limão ou o condimento de sua preferência. Depois de assado, você pode pincelá-lo com um óleo neutro e algumas gotas do óleo essencial de sua preferência.

OVO

Massa para babá

Rende 10 babás individuais ou 1 babá para 8 pessoas • Preparo: 30 minutos • Crescimento: 1 hora • Cozimento no forno: 10 minutos para babás individuais e 20 minutos para 1 babá para 8 pessoas

PREPARO

- Misture o fermento ou a massa fermentada, a água e o mel na tigela de uma batedeira. Acrescente as farinhas, o amido, o sal, a manteiga em cubos e ⅔ dos ovos. Sove na primeira velocidade até que a massa fique lisa e brilhante e se solte da tigela.
- Acrescente o restante dos ovos e sove até que a massa fique elástica e se solte da tigela.
- Unte levemente as fôrmas. Para babás individuais, pese 15 g por fôrma.
- Deixe a massa crescer por 40 minutos a 1 hora em temperatura de 28 °C a 30 °C.
- Asse por 10 minutos a 180 °C no caso de babás individuais ou por 20 minutos no caso de uma babá para 8 pessoas.
- Desenforme, deixe esfriar e guarde em recipientes herméticos em temperatura ambiente ou no freezer.

Alternativa vegetariana

8 g de fermento fresco
20 g de bebida vegetal
6 g de mel
190 g de farinha de trigo T55
70 g de creme culinário de soja
2 g de sal negro do Himalaia (*kala namak*)
55 g de margarina

- Na tigela de uma batedeira, misture o fermento, o leite vegetal e o mel com a pá.
- Acrescente a farinha, o sal e o creme de soja. Sove na primeira velocidade por 1 minuto e adicione a margarina. Sove novamente por 5 minutos até que a massa fique elástica e se solte da tigela.
- Unte levemente as fôrmas e espalhe a mistura, 15 g por fôrma.
- Deixe a massa crescer por 40 minutos a 1 hora em temperatura de 28 °C a 30 °C, depois asse por 10 minutos a 180 °C.
- Desenforme.

Merengues

Rende 20 merengues pequenos • Preparo: 20 minutos • Cozimento no forno: 2 horas

PREPARO

- Em uma panela, misture o açúcar, o ágar-ágar e a aquafaba. Leve a mistura ao fogo até ferver.
- Bata na batedeira como claras em neve.
- Em seguida, acrescente a fécula peneirada e o psyllium usando uma espátula.
- Coloque em uma assadeira com uma base de silicone e deixe secar no forno a 90 °C por no mínimo 2 horas.

UM TOQUE A +

Podemos incrementar a receita adicionando ao merengue cru: limão em pó (casca de limão desidratada e triturada) ou tomilho-limão desidratado em pó, avelãs torradas ou lascas de amêndoas, frutas vermelhas desidratadas (secas) e trituradas, pimenta timut ou ainda lascas de cacau cru.

ovo — nozes, sementes ou castanhas*

Creme inglês

Serve 2 porções • Preparo: 10 minutos • Cozimento em panela: 2 minutos

10 g de mel

1 gema de ovo

150 g de bebida vegetal

Receita de bebida vegetal caseira (página 165)

½ fava de baunilha

PREPARO

- Raspe a fava de baunilha e adicione as sementes à bebida vegetal. Aqueça a mistura. Misture o mel com a gema. Despeje a bebida morna sobre a gema e envolva-a usando uma espátula. O creme deve ficar ligeiramente aveludado.
- Despeje em uma tigela, coloque na geladeira e saboreie bem gelado.

Alternativa vegetariana

150 g de bebida vegetal
½ fava de baunilha
10 g de açúcar mascavo
10 g de amido de milho
0,2 g de cúrcuma em pó
0,2 g de sal negro do Himalaia (*kala namak*)

- Raspe a fava de baunilha e adicione as sementes à bebida vegetal. Aqueça a mistura.
- Misture o açúcar mascavo com o amido de milho, a cúrcuma e o sal. Despeje a mistura aquecida sobre os pós, mexa e leve de volta à panela. Cozinhe até o ponto de colher, usando uma espátula. O creme deve ficar ligeiramente aveludado.
- Coloque em uma tigela, leve à geladeira e saboreie bem gelado.

*dependendo da bebida vegetal utilizada

nozes, sementes ou castanhas*

Creme de confeiteiro

Preparo: 20 minutos • Cozimento em panela: 3 minutos

0,2 g de cúrcuma em pó

30 g de óleo de coco

½ fava de baunilha

10 g de fécula de araruta

15 g de açúcar mascavo claro

250 g de bebida vegetal

Receita de bebida vegetal caseira (página 165)

UM TOQUE A +

Incremente seu creme adicionando cumaru ralado, gengibre fresco ralado ou cardamomo moído.

PREPARO

- Aqueça a bebida vegetal com o açúcar. Despeje uma pequena quantidade sobre a araruta e misture.
- Despeje a mistura na panela junto com as sementes da fava de baunilha.
- Deixe ferver por algumas dezenas de segundos, depois retire do fogo e acrescente o óleo de coco e a cúrcuma em pó.
- Leve à geladeira imediatamente.

*dependendo da bebida vegetal utilizada

Curd de limão-siciliano

Preparo: 20 minutos • Cozimento em panela: 3 minutos

40 g
de manteiga de cacau ou margarina caseira
(veja a receita na página 164)

raspas de ½
limão-siciliano

40 g
de mel

Alternativa de baixo IG:
substitua por 30 g de eritritol

100 g
de água

15 g
de fécula de araruta

120 g
de sumo de limão-siciliano

PREPARO

- Misture o sumo do limão-siciliano, as raspas e a água com o mel e a fécula e leve à fervura.
- Despeje em um copo dosador. Adicione a manteiga de cacau e misture até obter uma textura homogênea.
- Refrigere.

amendoim

Sorvete de amendoim

Serve de 2 a 4 porções • Preparo: 10 minutos • Cozimento em panela: 2 minutos • Congelamento: 2 horas

300 g de água
100 g de pasta de amendoim
10 g de fécula de araruta
40 g de tâmara
20 g de mel

- Ferva a água, a pasta de amendoim e a fécula de araruta.
- Despeje sobre as tâmaras e o mel e misture.
- Despeje em forminhas de silicone. Congele.
- Para fazer o sorvete, desenforme, bata no liquidificador e sirva imediatamente.

UM TOQUE A +

Minha dica para todos os sorvetes: coloque a mistura em bandejas de cubos de gelo ou em moldes de silicone para facilitar a remoção e a mistura.

nozes, sementes ou castanhas

Sorvete de chocolate

Serve 2 porções • Preparo: 15 minutos • Cozimento em panela: 2 minutos • Congelamento: 2 horas

100 g de chocolate 64%
260 g de creme culinário de coco
70 g de leite de amêndoa
3 g de fécula de araruta
10 g de mel
4 g de flor de sal

- Derreta o chocolate.
- Aqueça o creme de coco com o leite de amêndoa, a fécula de araruta e o mel, misture com um fouet e leve à fervura.
- Despeje sobre o chocolate e mexa.
- Despeje em forminhas de silicone. Congele.
- Para fazer o sorvete, desenforme, bata no liquidificador, adicione a flor de sal e sirva imediatamente.

Sorvete de café

soja · nozes, sementes ou castanhas

Serve de 2 a 4 porções • Preparo: 10 minutos • Cozimento em panela: 2 minutos • Congelamento: 2 horas

150 g de creme culinário vegetal
150 g de leite de amêndoa
20 g de café em grãos
200 g de pasta de castanha-de-caju
40 g de mel

- Misture todos os ingredientes e congele. Se sobrarem fragmentos de grãos de café, eles darão um toque crocante ao sorvete.
- Despeje em forminhas de silicone. Congele.
- Para fazer o sorvete, desenforme, bata no liquidificador e sirva imediatamente.

Se você não tiver café em grãos, pode utilizar café em pó.

Sorvete de baunilha com flor de laranjeira

nozes, sementes ou castanhas*

Serve 2 porções • Preparo: 15 minutos • Cozimento na panela: 2 minutos • Congelamento: 2 horas

250 g de bebida vegetal
1 fava de baunilha
45 g de açúcar demerara
12 g de fécula de araruta
10 g de água de flor de laranjeira
50 g de aquafaba

- Aqueça a bebida vegetal com as sementes da fava de baunilha. Misture o açúcar demerara com a fécula de araruta. Despeje ¼ da bebida vegetal quente, mexa e, em seguida, despeje tudo na panela.
- Leve à fervura.
- Refrigere.
- Quando estiver frio, adicione a água de flor de laranjeira e a aquafaba.
- Despeje em forminhas de silicone. Congele.
- Para fazer o sorvete, desenforme, bata no liquidificador e sirva imediatamente.

*dependendo da bebida vegetal utilizada

Sorbet de damasco e tomilho

Rende 10 bolas • Preparo: 5 minutos • Congelamento: 2 horas

300 g de damasco
100 g de suco de maçã
2 pitadas de tomilho-limão seco
40 g de mel

- Lave os damascos e remova os caroços.
- Bata todos os ingredientes no liquidificador.
- Despeje em forminhas de silicone. Congele.
- Para fazer o sorbet, desenforme e bata no liquidificador. Consuma imediatamente.

Sorbet de abacaxi e coco

Rende 10 bolas • Preparo: 5 minutos • Congelamento: 2 horas

300 g de abacaxi
100 g de leite de coco
Raspas e suco de 1 limão-taiti
30 g de creme culinário de coco

- Lave as frutas.
- Descasque o abacaxi e corte-o em pedaços pequenos.
- Bata o abacaxi, o leite de coco, o suco de limão e o creme de coco no liquidificador.
- Acrescente as raspas do limão.
- Despeje em forminhas de silicone. Congele.
- Para fazer o sorbet, desenforme e bata no liquidificador. Consuma imediatamente.

Sorbet exótico – manga, banana e maracujá

Rende 10 bolas • Preparo: 15 minutos • Congelamento: 2 horas

200 g de manga
100 g de maracujá
90 g de banana
8 g de gengibre ralado

- Lave as frutas. Descasque e retire o caroço da manga. Corte o maracujá ao meio e retire a polpa. Descasque a banana.
- Bata as frutas no liquidificador, acrescentando o gengibre ralado.
- Despeje em forminhas de silicone. Congele.
- Para fazer o sorbet, desenforme e bata no liquidificador. Consuma imediatamente.

Sorbet de framboesa, lichia e galanga

Rende 10 bolas • Preparo: 15 minutos • Congelamento: 2 horas

200 g de framboesa
200 g de lichia
10 g de galanga ralada
40 g de mel

- Descasque e descaroce as lichias.
- Bata todos os ingredientes no liquidificador.
- Despeje em forminhas de silicone. Congele.
- Para fazer o sorbet, desenforme e bata no liquidificador. Consuma imediatamente.

Receitas clássicas

ovo · nozes, sementes ou castanhas*

Crepes

Rende 6 crepes • Preparo: 10 minutos • Descanso: 2 horas • Cozimento em frigideira: 10 minutos

3 g
de flor de sal

25 g
de açúcar mascavo

70 g
de farinha de arroz

30 g
de fécula de araruta

1
ovo
Alternativa vegetariana:
eliminar o ovo da receita

210 mL
de leite ou bebida vegetal
Receita de bebida vegetal caseira (página 165)

PREPARO

- Em uma tigela, misture o ovo, o leite, o açúcar mascavo e a flor de sal.
- Despeje a farinha e a fécula aos poucos. Mexa até que a mistura fique homogênea.
- Deixe descansar por 2 horas.
- Aqueça uma frigideira com um pouco de manteiga, óleo de coco ou óleo de semente de uva. Despeje uma concha cheia de massa e vire a frigideira para espalhá-la por toda a superfície.

UM TOQUE A +

Incremente seus crepes regando-os com xarope de bordo ou xarope de yacon, puro ou misturado com algumas gotas de óleo essencial de tangerina, limão ou água de flor de laranjeira.

*dependendo da bebida vegetal utilizada

glúten ovo nozes, sementes ou castanhas*

Waffles

Rende 8 waffles • Preparo: 15 minutos • Cozimento na máquina de waffles: 20 minutos

½ fava de baunilha

1 g de flor de sal

1 ovo

150 g de leite ou bebida vegetal

Receita de bebida vegetal caseira (página 165)

35 g de óleo de coco

50 g de cerveja clara

60 g de açúcar amarelo

1 clara em neve

125 g de farinha de aveia

Alternativa à farinha: substitua por 60 g de farinha de arroz integral, 40 g de amido de milho e 40 g de farinha de milho

PREPARO

- Aqueça o leite. Despeje-o em uma tigela e acrescente o óleo de coco derretido. Adicione a gema e a cerveja.
- Peneire a farinha de aveia, adicione o açúcar amarelo com a flor de sal e as sementes da fava de baunilha.
- Despeje os líquidos sobre os pós, aos poucos, misturando com um fouet.
- Deixe a massa descansar na geladeira por 1 hora.
- Incorpore a clara em neve delicadamente à mistura.
- Cozinhe imediatamente em uma máquina de waffle levemente untada.

Alternativa vegetariana

Retire a gema do ovo, substitua a clara por 30 g de aquafaba e adicione 1 g de cúrcuma.

DICA

Despeje metade da massa no aparelho, coloque um pouco de pasta de avelã (ou outra pasta de fruta oleaginosa) no meio e cubra com um pouco de massa. Asse tudo junto.

*dependendo da bebida vegetal utilizada

UM TOQUE A +

Incremente os waffles adicionando raspas de limão, sementes de erva-doce ou sementes de linhaça moídas.

ovo glúten

Panquecas

Rende 8 panquecas • Preparo: 15 minutos • Cozimento em frigideira: 15 minutos

2 g
de bicarbonato de sódio

3 g
de psyllium

30 g
de açúcar mascavo

125 g
de leite de coco

2 g
de suco de limão-siciliano

60 g
de farinha de espelta ou trigo-vermelho

Alternativa à farinha:
substitua por 60 g de farinha de arroz integral

½ fava
de baunilha

1
ovo

Alternativa vegana:
substitua por 20 g de banana e 20 g de leite de coco

40 g
de farinha de arroz integral

PREPARO

- Misture o ovo com o açúcar.
- Acrescente o leite de coco, as farinhas, o psyllium e as sementes de ½ vagem de baunilha.
- Misture o suco de limão-siciliano e o bicarbonato de sódio para fazer um pó fermentado e acrescente à massa.
- Aqueça uma frigideira, unte-a levemente com óleo e despeje 50 g da massa.
- Cozinhe por um minuto e, usando uma espátula, vire a panqueca.

UM TOQUE A +

Incremente as panquecas com frutas da estação e regando-as com xarope de yacon. Adicione à massa sementes de linhaça moídas, sementes de chia ou sementes de papoula. Você também pode adicionar cumaru, baunilha ou canela.

glúten · nozes, sementes ou castanhas*

Babka de chocolate

Rende 1 babka • Preparo da véspera: 5 minutos • Preparo: 40 minutos • Descanso: 2 vezes por 1 hora • Cozimento no forno: 20 minutos

16 g de fermento para panificação ou 120 g de massa fermentada

8 g de sal marinho cinza fino

80 g de óleo neutro

150 g de bebida vegetal

Receita de bebida vegetal caseira (página 165)

80 g de mel

400 g de farinha de trigo T80

PARA A GOMA

28 g de fécula de araruta

120 g de água

PARA DOURAR

10 g de avelã

40 g de bebida vegetal

2 g de cúrcuma em pó

RECHEIO DE CHOCOLATE

40 g de açúcar de coco

4 g de psyllium

25 g de óleo de coco

42 g de chocolate amargo

XAROPE

5 g de açúcar mascavo

25 g de água

25 g de xarope de bordo

*dependendo da bebida vegetal utilizada

BABKA

- Um dia antes, prepare a goma: pese a araruta e a água e coloque-as em uma panela. Cozinhe em fogo alto e mexa com o fouet até que a pasta fique espessa. Deixe descansar na geladeira por pelo menos 2 horas.
- Em uma tigela, misture o mel e o fermento (ou a massa fermentada). Acrescente a farinha, o sal, o óleo e a bebida vegetal. Sove a massa na batedeira por 2 minutos.
- Adicione a primeira mistura (goma) à massa. Sove em velocidade média por 10 minutos, até que a massa se solte da tigela. Deixe descansar por pelo menos 1 hora em temperatura ambiente.
- Estique a massa em um retângulo.
- Espalhe o recheio de chocolate com uma espátula.
- Enrole a massa no sentido do comprimento. Corte ao meio e torça.
- Coloque a massa em uma fôrma redonda de 18 cm untada.
- Deixe crescer por 1 hora a 30 °C.
- Misture a bebida vegetal e a cúrcuma para dourar.
- Pincele a parte superior da babka e coloque as avelãs por cima.
- Asse a 180 °C por cerca de 20 minutos.

RECHEIO DE CHOCOLATE

- Derreta o chocolate amargo com o óleo de coco.
- Adicione o açúcar e depois o psyllium.
- Misture e espalhe sobre a massa de babka. Enrole em seguida.

XAROPE

- Ferva os ingredientes e deixe esfriar antes de embeber a babka.

Bolo de limão-siciliano

Rende 1 bolo • Preparo: 20 minutos • Descanso: 1 hora • Cozimento no forno: 45 minutos • Cozimento a vapor: 70 minutos

BOLO

- Misture a farinha com a abobrinha, que foi triturada em pedaços pequenos, e os açúcares.
- Adicione a bebida vegetal, o ovo, o bicarbonato de sódio, as raspas e o suco de limão-siciliano e a flor de sal.
- Unte a fôrma e despeje a mistura. Asse no forno a 160 °C por 20 minutos ou por 70 minutos em fogo médio na panela a vapor.

GLAÇAGEM DE LIMÃO-SICILIANO

- Aqueça a bebida vegetal com a araruta e o mel. Mexa até engrossar. Retire do fogo e acrescente o azeite de oliva e as raspas de limão-siciliano.
- Cubra o bolo depois de desenformado e frio.

UM TOQUE A +

Incremente seu bolo de limão-siciliano adicionando gengibre fresco ralado, cardamomo em pó ou chá em pó (consulte a página 165) na massa do bolo.

glúten

Banana bread

Rende 1 bolo • Preparo: 20 minutos • Descanso: 1 hora • Cozimento no forno: 45 minutos • Cozimento no vapor: 70 minutos

1 ovo

Alternativa vegetariana: substitua por 10 g de amido de milho, 20 g de óleo e 20 g de purê de banana

60 g de óleo de semente de uva

20 g de açúcar mascavo

4 g de bicarbonato de sódio

20 g de açúcar demerara

40 g de farinha de banana verde

1 banana inteira + 1 para a decoração

4 g de suco de limão-siciliano

20 g de xarope de yacon + 20 g para a decoração

60 g de farinha de arroz integral

160 g de purê de banana

PREPARO

- Descasque e corte a banana no sentido do comprimento e depois na metade.
- Em uma fôrma de bolo untada, coloque a banana e regue com o xarope de yacon.
- Em uma tigela, misture o purê de banana com o óleo e o ovo. Acrescente os açúcares e a farinha peneirada. Misture o bicarbonato de sódio com o suco de limão-siciliano e adicione à mistura do bolo.
- Despeje a mistura na fôrma untada.
- Asse a 150 °C por 45 minutos ou cozinhe no vapor por 70 minutos em fogo médio.
- Depois de desenformado, decore com uma banana fatiada e pincele com xarope de yacon.

UM TOQUE A +

Incremente seu banana bread adicionando uma mistura de quatro especiarias (ver página 98), raspas de frutas cítricas e nozes trituradas ou substituindo o óleo de semente de uva por óleo de amendoim.

glúten · ovos · nozes, sementes ou castanhas

Bolo de cenoura

Rende 1 bolo • Preparo: 20 minutos • Descanso: 1 hora • Cozimento no forno: 45 minutos • Cozimento a vapor: 70 minutos

Receita de bebida vegetal caseira (página 165)

Alternativa sem glúten:
50 g de farinha de arroz, 75 g de farinha de junça e 40 g de bebida vegetal

GLAÇAGEM DE ESPECIARIAS

Alternativa vegetariana

Substitua o ovo por 30 g de cenoura ralada, 20 g de fécula de araruta e 40 g de bebida vegetal.

BOLO

- Misture todos os ingredientes.
- Despeje em uma fôrma untada.
- Asse no forno a 160 °C por 45 minutos ou em fogo médio por 70 minutos na panela a vapor.
- Deixe esfriar.

GLAÇAGEM DE ESPECIARIAS

- Aqueça a bebida com a araruta e o mel. Mexa com o fouet até engrossar. Retire do fogo e acrescente o óleo, o suco e as raspas do limão-siciliano.
- Cubra o bolo com a glaçagem.

ovos · nozes, sementes ou castanhas

Bolo mármore

Rende 1 bolo • Preparo: 20 minutos • Descanso: 30 minutos • Cozimento no forno: 25 minutos • Cozimento a vapor: 70 minutos

Alternativa vegana

Substitua as claras de ovos por aquafaba e as gemas por 30 g de bebida vegetal.

PREPARO

- Bata as claras em neve.
- Em uma tigela, misture o açúcar com a avelã em pó, o psyllium, as gemas e a flor de sal. Peneire a farinha de einkorn com o bicarbonato de sódio e adicione à mistura.
- Acrescente a bebida vegetal e o óleo. Misture e incorpore delicadamente as claras batidas em neve.
- Divida a mistura em duas partes iguais e coloque o cacau em pó em uma delas.
- Em uma fôrma previamente untada, despeje ⅓ da massa simples e ⅓ da massa com cacau. Repita a operação mais duas vezes e, usando uma espátula, espalhe a massa para dar a ela uma aparência marmorizada.
- Coloque a fôrma na geladeira por 30 minutos.
- Asse no forno a 160 °C por 20 minutos ou na panela a vapor em fogo médio por 70 minutos.

UM TOQUE A +

Depois que o bolo esfriar, você pode incrementá-lo pincelando a parte de cima com óleo de argan ou com uma mistura de óleo de semente de uva e uma gota de óleo essencial de canela ou cardamomo.

Brownie

Rende 1 brownie • Preparo: 20 minutos • Cozimento no forno: 20 minutos • Cozimento a vapor: 70 minutos

PREPARO

- Derreta o chocolate.
- Leve a bebida vegetal à fervura e despeje sobre o chocolate em três porções. Misture com um fouet. Acrescente a compota e depois o açúcar. Peneire a farinha de arroz, o amido de milho e o cacau em pó e adicione à mistura, junto com a amêndoa em pó, o sal e as nozes-pecã picadas.
- Misture o bicarbonato de sódio e o suco de limão-siciliano e adicione à massa.
- Unte uma fôrma com óleo e despeje a massa preenchendo até ¾ de seu volume.
- Asse no forno a 160 °C por cerca de 20 minutos ou cozinhe a vapor por 70 minutos em fogo médio.

UM TOQUE A +

Incremente seu brownie adicionando raiz de chicória em pó ou café em pó à mistura. Gergelim ou linhaça triturados também podem ser adicionados à massa.

OVO

Madeleines com raspas de limão-siciliano

Rende 6 madeleines • Preparo: 20 minutos • Descanso: 30 minutos • Cozimento no forno: 10 minutos

- 20 g de manteiga
- 15 g de mel
- 30 g de açúcar demerara
- 30 g de açúcar mascavo
  - Alternativa de baixo IG: adicione 3 g de psyllium e substitua os açúcares por 80 g de eritritol
- 1 ovo
- 10 g de bebida vegetal
- ½ fava de baunilha
- 3 g de bicarbonato de sódio
- 3 g de suco de limão-siciliano
- 50 g de farinha de trigo T80
  - Alternativa à farinha: substitua por 45 g de farinha de arroz e 10 g de fécula de araruta
- Raspas de 1 limão-siciliano
- 1 g de flor de sal

PREPARO

- Misture com um fouet o ovo, os açúcares, as raspas de limão-siciliano e as sementes da fava de baunilha.
- Acrescente a farinha, a bebida vegetal, a flor de sal e a manteiga previamente derretida.
- Misture o bicarbonato de sódio com o suco de limão-siciliano. Adicione à massa.
- Deixe descansar por 30 minutos.
- Unte fôrmas de madeleine com óleo usando um pincel de confeiteiro.
- Coloque a massa nas fôrmas ocupando até ¾ de seu volume (aproximadamente 25 g em cada fôrma).
- Preaqueça o forno a 190 °C, coloque as madeleines e asse-as por 10 minutos.
- Retire-as do forno e remova-as imediatamente das fôrmas usando uma espátula.

Alternativa vegetariana

50 g de farinha de trigo T80
15 g de açúcar demerara
40 g de bebida vegetal
20 g de óleo de semente de uva
1 g de bicarbonato de sódio
1 g de suco de limão-siciliano

- Misture a farinha com o açúcar. Acrescente a bebida vegetal e o óleo.
- Misture o bicarbonato com o suco de limão. Adicione à massa.
- Deixe na geladeira por 30 minutos.
- Despeje a massa ocupando até ¾ de cada fôrma (cerca de 25 g).
- Preaqueça o forno a 190 °C e asse por 10 minutos.
- Retire a assadeira e remova-as imediatamente das fôrmas usando uma espátula.

UM TOQUE A +

Incremente suas madeleines adicionando à massa sementes de chia, sementes de papoula, chá em pó, água de laranjeira ou flores de camomila secas. Pincele-as com mel misturado a algumas gotas de óleo essencial de limão, camomila ou lavanda.

ovo · nozes, sementes ou castanhas

Financiers

Rende 15 financiers • Preparo: 20 minutos • Cozimento no forno: 12 minutos

3 g
de flor de sal

45 g
de açúcar mascavo

60 g
de semente de papoula

3
claras de ovos
Alternativa vegetariana:
substitua por 90 g de bebida vegetal

120 g
de amêndoa em lascas

45 g
de mel
Alternativa de baixo IG:
substitua por xarope de yacon

45 g
de farinha de arroz integral

30 g
de manteiga

105 g
de amêndoa em pó

PREPARO

- Misture a clara de ovo com o mel e o açúcar mascavo. Adicione o sal, a farinha de arroz e a amêndoa em pó.
- Misture bem e adicione a manteiga derretida.
- Unte fôrmas individuais de financiers e distribua a massa até ocupar ⅔ do volume de cada fôrma.
- Polvilhe com sementes de papoula e lascas de amêndoas.
- Asse a 160 °C por 12 minutos.

UM TOQUE A +

Você pode incrementar seus financiers aromatizando a massa com flor de laranjeira ou de sabugueiro (infundida na manteiga usada na receita), ou ainda chá em pó. Depois de assados, pincele uma fina camada de manteiga de cacau e decore com pétalas de flores secas, como lavanda, rosa ou centáurea.

ovo · nozes, sementes ou castanhas

Cookies

Rende 8 a 10 cookies • Preparo: 20 minutos • Descanso: 1 hora • Cozimento no forno: 12 minutos

1 ovo

50 g de óleo de semente de uva

40 g de purê de avelã

3 g de psyllium

30 g de açúcar mascavo

1 g de flor de sal

30 g de mel

40 g de chocolate em lascas

125 g de farinha de einkorn

Alternativa à farinha: substitua por 30 g de amido de milho e 70 g de farinha de arroz integral

PREPARO

- Usando uma espátula, misture todos os ingredientes até que a massa fique homogênea.
- Deixe descansar na geladeira por 1 hora.
- Forme bolas de 30 g e achate-as levemente.
- Asse a 180 °C por 12 minutos.
- Recorte com um molde de biscoitos na metade do cozimento.

Alternativa vegetariana Substitua o ovo por aquafaba e 25 g de bebida vegetal. Achate as bolas de biscoito antes do cozimento.

nozes, sementes ou castanhas

Crème caramel

Rende 1 porção • Preparo: 20 minutos • Cozimento na panela: 10 minutos • Resfriamento: 2 horas

½ fava de baunilha

0,2 g de ágar-ágar

15 g de xarope de yacon (1)

4 g de xarope de yacon (2)

125 g de bebida vegetal

Receita de bebida vegetal caseira (página 165)

PREPARO

- Despeje o xarope de yacon (1) no fundo de um ramequim e congele.
- Em uma panela, misture a bebida vegetal, o xarope de yacon (2), o ágar-ágar e a fava de baunilha raspada. Leve ao fogo brando.
- Leve à fervura.
- Despeje a mistura no ramequim no qual você colocou anteriormente o xarope de yacon.
- Deixe o creme esfriar na geladeira por 2 horas e, em seguida, desenforme-o com cuidado.

nozes, sementes ou castanhas

Mousse de chocolate com flor de sal

Serve 4 porções • Preparo: 20 minutos • Cozimento na panela: 2 minutos • Resfriamento: 1 hora

1 g
de gengibre fresco ralado

60 g
de leite de amêndoa

Receita de bebida vegetal caseira (página 165)

3
claras de ovos

Alternativa vegetariana:
substitua por 90 g de aquafaba

1 g
de flor de sal

100 g
de chocolate amargo 64%
(escolha uma cobertura de chocolate cru para obter todos os benefícios nutricionais)

Alternativa de baixo IG:
use chocolate sem açúcar

PREPARO

- Derreta o chocolate amargo.
- Aqueça a bebida vegetal por 30 segundos e despeje sobre o chocolate.
- Misture até obter uma ganache lisa e brilhante. Deixe esfriar por 15 minutos na geladeira.
- Bata as claras em neve e adicione-as aos poucos à ganache de chocolate.
- Adicione a flor de sal e o gengibre.
- Despeje em uma tigela ou prato pequeno.
- Deixe na geladeira por 1 hora.

UM TOQUE A +

Incremente sua mousse de chocolate adicionando lascas de cacau cru ou substituindo o gengibre por cumaru, cardamomo moído ou raiz de chicória em pó.

nozes, sementes ou castanhas

Energy balls

Preparo: 20 minutos

PREPARO

- Coloque todos os ingredientes em um liquidificador e misture-os pulsando intermitentemente.
- Forme bolas de 5 g.
- Armazene em uma lata hermética em temperatura ambiente por uma semana ou no freezer por um mês.

UM TOQUE A +

Incremente as energy balls adicionando sementes de gergelim, sementes de girassol ou pólen. Você pode substituir a farinha de castanha por farinha de banana verde.

Chocolate com recheio de coco

Preparo: 45 minutos • Congelamento: 1 hora

RECHEIO

- Misture todos os ingredientes e enforme em porções de 25 g em moldes de silicone em formato de barra.
- Coloque no freezer por 1 hora, desenforme e mergulhe na cobertura de chocolate.

COBERTURA DE CHOCOLATE

- Derreta o chocolate com o óleo a 45 °C.
- Com um garfo, mergulhe os recheios de coco no chocolate. Bata para remover o excesso de cobertura e deixe endurecer em papel vegetal ou em um tapete de silicone.

UM TOQUE A +

Incremente os doces adicionando sementes de chia ou lascas de cacau no recheio, ou ainda 1 gota de óleo essencial de cardamomo ou canela.

Chocolate com recheio de biscoito e caramelo

Rende 10 barras • Preparo: 45 minutos • Congelamento: 1 hora

BISCOITO SHORTBREAD

CARAMELO SAUDÁVEL

COBERTURA DE CHOCOLATE

BISCOITO SHORTBREAD

- Misture o açúcar mascavo e o óleo de coco com uma espátula.
- Adicione a compota e a água. Mexa bem.
- Adicione gradualmente o sal, a farinha e o bicarbonato de sódio.
- Espalhe a massa entre duas folhas de papel--manteiga com uma espessura de 1 cm.
- Corte tiras de massa do tamanho de fôrmas retangulares de silicone e coloque as tiras nas fôrmas.
- Asse a 170 °C por 20 minutos.

CARAMELO SAUDÁVEL

- Misture as tâmaras com a pasta de amendoim e a água para obter um purê liso.
- Acrescente a flor de sal. Coloque 15 g de caramelo na fôrma de silicone sobre o biscoito assado, polvilhe com as lascas de amendoim e pressione bem.
- Deixe no freezer por 1 hora.

COBERTURA DE CHOCOLATE

- Derreta o chocolate amargo com o óleo a 45 °C e, em seguida, mergulhe os snickers na mistura.
- Deixe assentar sobre um tapete de silicone em uma base antiaderente.

Receitas autorais

Éclats
de café, cacau cru e argan

RENDE 10 ÉCLATS INDIVIDUAIS

MASSA SUCRÉE DE CAFÉ • 60 g de **margarina vegetal** • 50 g de **açúcar mascavo** • 80 g de **farinha de arroz integral** • 70 g de **farinha de trigo T80** • 25 g de **água** • 1 g de **flor de sal** • 6 g de **café em pó**

BISCUIT DE GÊNOVA • 140 g de **pasta de amêndoa** • 1 **ovo** • 15 g de **farinha de castanha** • 15 g de **mistura de castanha em flocos**

CROCANTE DE CHOCOLATE AMARGO E AMÊNDOAS • 80 g de **chocolate 70%** • 25 g de **cacau cru** • 50 g de **amêndoa picada** • 65 g de **purê de amêndoa** • 30 g de **óleo de argan**

XAROPE DE CAFÉ • 200 g de **água** • 20 g de **café em pó** • 30 g de **xarope de yacon**

CREME DE CAFÉ COM LEITE E CHOCOLATE • 100 g de **creme de leite fresco** ou **creme vegetal** • 100 g de **leite** ou **bebida vegetal** • 0,5 g de **ágar-ágar** • 1 **gema de ovo** • 80 g de **chocolate ao leite 33%** • 25 g de **óleo de argan** • 5 g de **café moído**

MOUSSE DE BAUNILHA • 75 g **creme de leite fresco** ou **creme vegetal** (1) • 1 **fava de baunilha** • 20 g de **açúcar mascavo claro** • 1 g de **ágar-ágar** • 175 g de **creme de leite fresco** ou **creme vegetal** (2)

COBERTURA DE CHOCOLATE • 50 g de **água** • 25 g de **gelatina hidratada** • 50 g de **xarope de yacon** • 80 g de **chocolate 64%** • 65 g de **creme de leite fresco** ou **creme vegetal**

MASSA SUCRÉE DE CAFÉ

Misture a margarina com o açúcar. Adicione as farinhas, depois a água, a flor de sal e o café em pó. Estique a massa entre duas folhas de papel vegetal, deixando-a com até 2 mm de altura. Corte 12 bases usando um cortador de biscoitos retangular. Asse a 170 °C por 12 a 15 minutos.

BISCUIT DE GÊNOVA

Usando um liquidificador, bata a pasta de amêndoa com o ovo até ficar lisa e com textura de mousse.
Leve tudo à batedeira. Acrescente a farinha e os flocos de castanha. Despeje a mistura em uma fôrma retangular de 28 cm × 20 cm e asse a 160 °C por 12 minutos. Deixe esfriar e desenforme.

CROCANTE DE CHOCOLATE AMARGO E AMÊNDOAS

Derreta o chocolate a 45 °C. Amasse o cacau cru. Misture todos os ingredientes e despeje em uma fôrma retangular. Leve o crocante à geladeira para que cristalize.

XAROPE DE CAFÉ

Aqueça a água e o café em pó. Retire do fogo e acrescente o xarope de yacon. Coloque o biscoito de gênova sobre o crocante de chocolate e embeba no xarope.

CREME DE CAFÉ COM LEITE E CHOCOLATE

Aqueça o creme, o leite e o ágar-ágar. Deixe ferver, retire do fogo e acrescente a gema de ovo. Bata vigorosamente com o fouet. Despeje gradualmente sobre o chocolate ao leite, criando uma emulsão. Acrescente o óleo de argan e o café moído. Despeje o creme sobre o biscoito de gênova. Congele por 1 hora e corte em retângulos um pouco menores do que a fôrma final.

MOUSSE DE BAUNILHA

Aqueça o creme (1) com as sementes e a fava de baunilha partida. Acrescente o açúcar. Leve à fervura e deixe em infusão, coberta, por 30 minutos. Coe, acrescente o ágar-ágar e leve à fervura. Adicione o creme (2). Misture usando um mixer manual. Leve à geladeira por pelo menos 3 horas.
Bata o creme até obter uma textura de mousse.

COBERTURA DE CHOCOLATE

Leve a água para ferver. Fora do fogo, acrescente a gelatina hidratada e deixe derreter. Acrescente o xarope de yacon e despeje sobre o chocolate. Deixe descansar durante a noite na geladeira e use a 30 °C.

MONTAGEM

Em uma fôrma retangular de silicone, coloque a mousse de baunilha e, usando uma espátula angular, espalhe a mousse por toda a fôrma. Cubra com o biscoito crocante e o creme de café e alise com uma espátula. Congele por 2 horas e desenforme sobre uma grade de arame. Derreta a cobertura e cubra o éclat a 30 °C. Coloque o bolinho de éclat sobre a massa sucrée. Usando um saco de confeitar com uma ponta lisa de 8 mm, cubra a parte superior e decore com café em pó e uma lasca de chocolate.

Cheesecake
de frutas vermelhas e flor de laranjeira

RENDE 10 CHEESECAKES INDIVIDUAIS

MASSA SUCRÉE • 50 g de **manteiga** ou **margarina** • 40 g de **açúcar mascavo claro** • 66 g de **farinha de trigo-sarraceno** • 60 g de **farinha de trigo T80** • 20 g de **água** • 21 g de **flor de sal**

MASSA SUCRÉE RECONSTITUÍDA • 220 g de **massa sucrée** • 40 g de **manteiga de cacau** • 1 g de **flor de sal** • 15 g de **trigo-sarraceno em flocos** • 15 g de **semente de gergelim** • raspas de ½ **limão-siciliano** • **pétalas de flores secas** (opcionais)

CONFIT DE FRUTAS VERMELHAS • 60 g de **groselha vermelha** • 50 g de **framboesa** • 50 g de **morango** • 14 g de **flor de laranjeira** • 6 g de **açúcar mascavo** • 4 g de **alginato** • 1 **limão-siciliano** (suco e raspas)

CHEESECAKE DE LIMÃO-TAITI • 30 g de **aipo-rábano** • 85 g de **cream cheese** • 25 g de **óleo de coco** • 40 g de **purê de amêndoa** • 30 g de **mel** • raspas e suco de 1 **limão-taiti** • 30 g de **creme de coco**

CHANTILI DE FLOR DE LARANJEIRA • 150 g de **creme de leite com 35% de gordura** ou **creme de coco** • 10 g de **mel** • 5 g de **flor de laranjeira**

SPRAY VERMELHO • 100 g de **manteiga de cacau** • 80 g de **purê de castanha-de-caju** • 3 g de **beterraba em pó**

MASSA SUCRÉE

Misture a gordura com o açúcar demerara usando uma espátula. Adicione a água, as farinhas e a flor de sal. Espalhe a massa entre duas folhas de papel-manteiga deixando-a com uma espessura de 1 cm. Asse a 160 °C por 20 minutos.

MASSA SUCRÉE RECONSTITUÍDA

Depois de assada, corte a massa sucrée em cubos de 1 cm.

Derreta a manteiga de cacau e despeje-a sobre os cubos de massa sucrée. Misture delicadamente. Adicione os ingredientes restantes. Coloque 15 g de massa em fôrmas com aro de 6 cm.

CONFIT DE FRUTAS VERMELHAS

Misture o alginato com o açúcar mascavo. Em uma tigela, despeje as frutas vermelhas, acrescente as raspas e o suco de limão-siciliano e a flor de laranjeira. Despeje o alginato sobre as frutas e bata com um mixer manual por 1 minuto. Despeje em fôrmas de 4 cm de largura e congele.

CHEESECAKE DE LIMÃO-TAITI

Lave e descasque o aipo-rábano. Cozinhe no vapor e bata até formar um purê. Acrescente o cream cheese e misture. Derreta o óleo de coco e adicione à mistura. Acrescente o purê de amêndoa, o mel, as raspas e o suco de limão-taiti. Bata o creme de coco até atingir a textura de mousse e adicione-o delicadamente à mistura final. Despeje em fôrmas semiesféricas de 6 cm de diâmetro (aproximadamente 30 g) e acrescente o confit de frutas vermelhas.

Congele por 2 horas e, em seguida, desenforme para finalizar o cheesecake.

CHANTILI DE FLOR DE LARANJEIRA

Bata o creme. Ao atingir a textura de chantilli, acrescente com o fouet o mel e a flor de laranjeira.

SPRAY VERMELHO

Derreta a manteiga de cacau. Despeje sobre o purê de castanha-de-caju. Acrescente o corante de beterraba em pó. Misture com um mixer manual e coe. Reserve na geladeira antes de usar. Aqueça a mistura a 40 °C e pulverize sobre os cheesecakes.

MONTAGEM

Desenforme o cheesecake de limão-taiti com as frutas vermelhas. Pulverize o cheesecake com o spray vermelho. Coloque os cheesecakes sobre as massas doces reconstituídas. Bata o chantili de flor de laranjeira e coloque-o por cima com um bico simples de 8 mm. Decore com frutas vermelhas.

Frasier com pétalas de rosa

SERVE 6 PORÇÕES

MASSA SUCRÉE • 30 g de **margarina vegetal** • 25 g de **açúcar de palma** • 40 g de **farinha de arroz integral** • 35 g de **farinha de trigo T80** • 12 g de **água** • 1 g de **flor de sal** • **pétalas de rosa secas picadas**

BISCUIT MOELLEUX • 1 **ovo** e 1 **gema de ovo** • 30 g de **açúcar mascavo** • 40 g de **amêndoa em pó** • 10 g de **farinha de einkorn** • 1 g de **psyllium** • 1 **clara de ovo** • 5 g de **óleo neutro**

COMPOTA DE MORANGO E ÁGUA DE ROSAS • 3 g de **alginato** • 5 g de **açúcar mascavo** • 100 g de **morango** • suco e raspas de ½ **limão-siciliano** • 25 g de **água de rosas**

CREME DE CONFEITEIRO LEVE COM BAUNILHA • 250 g de **bebida vegetal** • 15 g de **açúcar demerara** • 10 g de **fécula de araruta** • ½ **fava de baunilha** • 30 g de **óleo de coco** • 0,2 g de **cúrcuma** • 100 g de **creme de coco batido**

GELATINA DE MORANGO E ÁGUA DE ROSAS • 70 g de **água** • 20 g de **morango** • 10 g de **açúcar de palma** • 0,7 g de **ágar-ágar** • 10 g de **água de rosas** • **beterraba em pó**

CHANTILI DE ROSAS • 25 g de **creme de leite fresco** (1) • ½ **fava de baunilha** • 7 g de **xarope de yacon** • 100 g de **creme de leite fresco** (2) • 5 g de **água de rosas**

DECORAÇÃO DE CHOCOLATE • 100 g de **chocolate branco** • 2 g de **morango desidratado em pó**

MONTAGEM • 200 g de **morango para o recheio** • 50 g de **morango para a decoração**

MASSA SUCRÉE

Misture a gordura vegetal com o açúcar. Acrescente as farinhas, depois a água, a flor de sal e as pétalas de rosa secas. Espalhe a massa entre duas folhas de papel-manteiga deixado uma espessura de 2 mm.

Use um aro de 18 cm para fazer um disco. Asse a 170 °C por 12 a 15 minutos.

BISCUIT MOELLEUX

Preaqueça o forno a 160 °C. Unte com óleo neutro uma fôrma de bolo redonda ou de aro com 16 cm de diâmetro. Misture o ovo e a gema com o açúcar usando um fouet. Acrescente a amêndoa em pó, depois a farinha de einkorn e o psyllium.

Bata a clara em neve. A textura deve ser maleável e ligeiramente firme.

Acrescente delicadamente a clara à mistura usando uma espátula. Asse a 170 °C por 16 minutos. Deixe esfriar antes de remover o aro.

COMPOTA DE MORANGO E ÁGUA DE ROSAS

Misture o alginato com o açúcar mascavo. Despeje a mistura sobre os morangos, acrescente o suco e as raspas de limão-siciliano e a água de rosas. Bata por 1 minuto usando um mixer manual.

CREME DE CONFEITEIRO LEVE COM BAUNILHA

Aqueça a bebida vegetal com o açúcar. Despeje uma pequena quantidade sobre a araruta e misture. Despeje a mistura na panela com as sementes da fava de baunilha. Deixe ferver por alguns segundos, depois retire do fogo e acrescente o óleo de coco e a cúrcuma em pó. Acrescente o creme de coco batido.

GELATINA DE MORANGO E ÁGUA DE ROSAS

Coloque a água, o morango, o açúcar de palma e o ágar-ágar em uma panela. Deixe ferver e despeje a água de rosas e a beterraba em pó. Misture e use imediatamente.

CHANTILI DE ROSAS

Aqueça o creme (1) com ½ fava de baunilha. Cubra e deixe em infusão por 1 hora. Coe e adicione o xarope de yacon, o creme frio (2) e a água de rosas. Misture e leve à geladeira por pelo menos 3 horas antes de usar.

DECORAÇÃO DE CHOCOLATE

Derreta o chocolate branco com o morango desidratado em pó. Aqueça a mistura a 45 °C, depois esfrie a 26 °C e aqueça novamente a 28 °C.

Usando uma espátula angular, espalhe uma fina camada de chocolate em uma folha de acetato e aplique-a diretamente ao redor do fraisier.

MONTAGEM

Coloque uma folha de acetato dentro de um aro com 18 cm de diâmetro e 3,5 cm de altura. Cubra com a massa sucrée e, em seguida, com o biscuit moelleux. Acrescente ⅔ do creme de confeiteiro, depois, a geleia de morango e rosas e 200 g de morangos cortados em pedaços. Cubra com o creme restante. Alise, cubra com a gelatina e leve à geladeira por 1 hora. Remova a folha de acetato. Coloque o disco de chocolate em volta. Bata o chantili de rosas e acrescente-o usando um saco de confeitar com um bico de 10 mm. Adicione alguns morangos por cima.

Tarte pétale de damasco, lavanda e mousse ao leitelho

RENDE 10 TORTAS INDIVIDUAIS

MASSA SUCRÉE • 40 g de **açúcar mascavo** • 40 g de **farinha de arroz integral** • 70 g de **farinha de espelta ou trigo-vermelho** • 40 g de **amêndoa em pó** • 15 g de **água** • 1 g de **flor de sal** • 50 g de **manteiga** • 2 g de **lavanda seca**

GEL DE LAVANDA • 7,5 g de **lavanda** • 105 g de **água** • 10 g de **mel** • 3 g de **ágar-ágar**

RECHEIO DE DAMASCO E LAVANDA • 110 g de **gel de lavanda** • 60 g de **damasco picado à brunoise**

MOUSSE DE LEITELHO • 50 g de **creme de leite com 35% de teor de gordura** (1) • 10 g de **açúcar de tâmara** • 3 g de **ágar-ágar** • 50 g de **leitelho** • 100 g de **creme de leite com 35% de teor de gordura** (2)

GLAÇAGEM DE DAMASCO • 100 g de **bebida vegetal** • 10 g de **fécula de araruta** • 10 g de **mel** • 50 g de **purê de damasco**

MASSA SUCRÉE

Misture o açúcar com as farinhas e a amêndoa em pó. Acrescente a água, a flor de sal, a manteiga em ponto de pomada e a lavanda. Espalhe entre duas assadeiras deixando uma espessura de 2 mm. Corte em pétalas de 6 cm de diâmetro. Asse a 160 °C em uma assadeira com base de silicone perfurado por 12 minutos.

GEL DE LAVANDA

Ferva a água e o ágar-ágar. Retire do fogo e acrescente o mel e a lavanda. Misture, coe e reserve na geladeira.

RECHEIO DE DAMASCO E LAVANDA

Misture o gel de lavanda e o damasco cortado à brunoise. Despeje a mistura em discos de 4 cm de diâmetro.

MOUSSE DE LEITELHO

Aqueça o creme (1) com o ágar-ágar e o açúcar de tâmara. Despeje sobre o leitelho. Deixe na geladeira por 2 horas Bata o creme (2) e acrescente-o à mistura de leitelho.

GLAÇAGEM DE DAMASCO

Aqueça a bebida vegetal com a araruta e o mel. Bata até engrossar. Retire do fogo, acrescente o purê de damasco e resfrie a 35 °C.

MONTAGEM

Em uma fôrma *galet* de 6 cm de diâmetro, coloque a mousse de leitelho até ocupar metade do espaço. Usando uma espátula angular, espalhe a mousse por toda a fôrma. Adicione o recheio de damasco e lavanda e deixe congelar por 3 horas. Em seguida, desenforme e cubra com a glaçagem de damasco. Monte sobre uma pétala de massa sucrée. Finalize com gotas de mousse de leitelho por cima.

Perle de Tahiti
com baunilha, manga e gengibre

SERVE 6 PORÇÕES

MASSA SABLÉE • 25 g de **açúcar de coco** • 12 g de **óleo de coco** • 25 g de **compota de maçã** • 7 g de **água** • 1 g de **sal cinza** ou **flor de sal** • 40 g de **farinha de arroz** • 22 g de **farinha de trigo-sarraceno** • 1 g de **bicarbonato de sódio**

MASSA SABLÉE RECONSTITUÍDA • 130 g de **massa sablée** • 20 g de **manteiga de cacau** • 1 g de **flor de sal** • 1 gota de **óleo essencial de gengibre**

BISCUIT MOELLEUX DE GENGIBRE • 1 **ovo** e 1 **gema de ovo** • 30 g de **açúcar de coco** • 5 g de **gengibre fresco ralado** • 40 g de **amêndoa em pó** • 10 g de **farinha de einkorn** • 1 g de **psyllium** • 1 **clara de ovo** • 5 g de **óleo neutro**

CONFIT DE MANGA E GENGIBRE • 10 g de **açúcar de coco** • 2 g de **alginato** • 75 g de **polpa de manga** • 5 g de **gengibre ralado** • 25 g de **manga à brunoise**

CREME DE BAUNILHA E COCO • 100 g de **creme de coco** • 1 **fava de baunilha** • 20 g de **mel** • 200 g de **creme de leite com 35% de teor de gordura**

MASSA SABLÉE
Misture o açúcar de coco e o óleo de coco com uma espátula. Adicione a compota de maçã e a água. Misture bem. Aos poucos, adicione o sal, as farinhas e o bicarbonato de sódio. Espalhe a massa entre duas folhas de papel-manteiga deixando uma espessura de 1 cm. Asse a 170 °C por 20 minutos.

MASSA SABLÉE RECONSTITUÍDA
Depois de assada, corte a massa sablée em cubos pequenos de 1 cm de largura. Derreta a manteiga de cacau e despeje sobre os cubos. Misture delicadamente. Adicione a flor de sal e o óleo essencial de gengibre. Coloque 10 g da massa reconstituída em uma fôrma circular de 4 cm.

BISCUIT MOELLEUX DE GENGIBRE
Preaqueça o forno a 160 °C. Unte com óleo neutro uma fôrma em aro ou redonda de 16 cm de diâmetro. Misture com um fouet o ovo, a gema, o açúcar e o gengibre fresco ralado. Acrescente a amêndoa em pó, depois a farinha de einkorn e o psyllium. Bata a clara em neve. A textura deve ficar maleável e ligeiramente firme. Incorpore delicadamente a clara em neve à mistura usando uma espátula. Despeje a mistura na fôrma e asse por 10 minutos a 160 °C. Deixe esfriar antes de desenformar. Corte em discos de 4 cm de diâmetro.

CONFIT DE MANGA E GENGIBRE
Misture o açúcar de coco e o alginato. Misture a polpa de manga com o alginato e o gengibre por 1 minuto. Acrescente a manga cortada à brunoise. Coloque em fôrmas semiesféricas de 4 cm. Congele por 1 hora e junte duas semiesferas para formar uma bola. Mantenha no freezer até o momento da montagem.

CREME DE BAUNILHA E COCO
Aqueça o creme de coco com a fava de baunilha. Retire do fogo e deixe em infusão por 1 hora, coberto. Peneire, adicione o mel e o creme de leite (com 35% de teor de gordura) frio. Misture e leve à geladeira por pelo menos 3 horas.

MONTAGEM
Bata o creme de baunilha e coco. Usando moldes de pérola, preencha a primeira metade de cada molde com o creme, adicione um disco de biscuit moelleux e, em seguida, a meia-esfera de manga. Coloque mais um pouco de creme e adicione a segunda metade do molde. Faça uma "onda" de chocolate branco e cole-a no biscuit moelleux de gengibre reconstituído. Coloque a pérola dentro da onda.

Babás
de baunilha, limão-caviar e earl grey

RENDE 10 BABÁS INDIVIDUAIS

MASSA PARA BABÁ • 8 g de **fermento para panificação** • 10 g de **água** • 6 g de **mel** • 125 g de **farinha de arroz** • 25 g de **farinha de junça** • 25 g de **amido de milho** • 1 g de **sal** • 50 g de **manteiga** • 4 **ovos**

XAROPE DE LIMÃO-SICILIANO E BAUNILHA • 100 g de **água** • 15 g de **açúcar de coco** • suco e raspas de 1 **limão-siciliano** • 1 g de **ágar-ágar**

CONFIT DE LIMÃO-CAVIAR • 16 g de **água** • suco e raspas de um **limão-siciliano** • 6 g de **açúcar mascavo** • 2 g de **ágar-ágar** • gomos de 1 **limão-siciliano** • 40 g de **limão confitado** • 15 g de **limão-caviar**

GELATINA DE BAUNILHA • 45 g de **água** • 45 g de **xarope de yacon** • 1 **fava de baunilha** • 0,5 g de cápsulas de **carvão ativado** (3 cápsulas) • 1 g de **alginato**

CHANTILI DE EARL GREY E BAUNILHA • 50 g de **creme de leite fresco** (1) • ½ **fava de baunilha** • 3 g de **chá earl grey** • 20 g de **mel** • 221 g de **creme de leite fresco** (2)

COBERTURA AMARELA • 50 g de **manteiga de cacau** • 100 g de **chocolate branco** • 2 g de **cúrcuma em pó** • 50 g de **óleo neutro**

MASSA PARA BABÁ

Com um batedor raquete, misture o fermento, a água e o mel. Acrescente os ingredientes secos, a manteiga e ⅔ dos ovos. Sove na batedeira em velocidade alta até que a massa fique lisa e brilhante e se solte da tigela. Adicione o restante dos ovos e sove até que a massa fique elástica e se solte da tigela. Unte levemente fôrmas de 8 cm de diâmetro e 5 cm de altura e coloque 15 g de massa em cada uma. Deixe crescer por 1 hora em temperatura de 28 °C a 30 °C e, em seguida, asse por 10 minutos a 180 °C. Desenforme.

XAROPE DE LIMÃO-SICILIANO E BAUNILHA

Em uma panela, ferva todos os ingredientes. Embeba as babás quando a calda atingir 35 °C.

CONFIT DE LIMÃO-CAVIAR

Faça uma geleia com a água, o suco de limão-siciliano, o açúcar mascavo e o ágar-ágar. Leve à fervura. Deixe endurecer na geladeira por 30 minutos. Corte os limões confitados em cubos e misture-os rapidamente com a geleia de ágar-ágar, deixando alguns pedaços de limão cristalizados. Descasque o limão-siciliano e remova os gomos. Adicione-os com o limão-caviar à geleia e misture. Coloque porções de 8 g em aros de 6 cm de diâmetro. Congele por 1 hora.

GELATINA DE BAUNILHA

Misture todos os ingredientes e bata por 1 minuto. Despeje porções de 8 g de gelatina de baunilha sobre o confit de limão-caviar e congele por 1 hora.

CHANTILI DE EARL GREY E BAUNILHA

Aqueça o creme de leite (1) com a baunilha, o chá e o mel. Deixe em infusão por 30 minutos. Coe. Misture com o creme (2) e reserve na geladeira.

COBERTURA AMARELA

Derreta a manteiga de cacau com o chocolate branco, a cúrcuma e o óleo. Misture, se necessário, e coe.

MONTAGEM

Bata o chantili de earl grey e cubra ⅓ das fôrmas usadas para as babás. Usando uma espátula angular, alise o chantili na fôrma. Coloque o confit de limão-caviar e a gelatina de baunilha e, em seguida, a babá embebida no xarope. Alise com a espátula e leve ao freezer. Desenforme e mergulhe na cobertura amarela. Coloque pequenas gotas do chantili de earl grey por cima.

Pavlovas
de abacaxi, coentro e melissa

RENDE 10 PAVLOVAS INDIVIDUAIS

MERENGUE • 70 g de **açúcar demerara** • 1 g de **ágar-ágar** • 100 g de **aquafaba** • 20 g de **fécula de araruta** ou 30 g de **amido de milho** • 2 g de **psyllium**

GEL DE COENTRO • 100 g de **água** • 10 g de **açúcar mascavo** • 1 g de **ágar-ágar** • 1 g de **semente de coentro**

RECHEIO DE ABACAXI • 250 g de **abacaxi** • 100 g de **gel de coentro**

GELATINA VEGETAL • 100 g de **água** • 10 g de **açúcar demerara** • 3 g de **ágar-ágar**

CHANTILI DE MELISSA • 200 g de **creme de leite fresco** (1) • 15 g de **mel** • 5 g de **melissa** • 200 g de **creme de leite fresco** (2)

MERENGUE
Misture o açúcar com o ágar-ágar e despeje sobre a aquafaba. Aqueça a mistura e deixe ferver. Bata como se fosse um merengue. Peneire o amido ou a fécula e adicione o psyllium com uma espátula. Monte bolas e folhas finas de merengue e disponha-as em uma assadeira com base de silicone e deixe secar no forno a 90 °C por pelo menos 3 horas.

GEL DE COENTRO
Ferva a água, o açúcar mascavo e o ágar-ágar em uma panela.
Retire do fogo, adicione as sementes de coentro moídas e reserve na geladeira por 1 hora.

RECHEIO DE ABACAXI
Lave e descasque o abacaxi. Corte-o em cubos pequenos e misture com o gel de coentro. Reserve ⅓ da preparação na geladeira e bata o restante. Coloque em fôrmas semiesféricas pequenas e leve ao freezer por 30 minutos.

GELATINA VEGETAL
Em uma panela, misture a água, o açúcar e o ágar-ágar. Leve à fervura. Reserve na geladeira. Para usar a gelatina, aqueça a 28 °C e mergulhe a meia-esfera de abacaxi congelada com um palito de dente.

CHANTILI DE MELISSA
Deixe o creme de leite (1) em infusão fria com a melissa por 24 horas. Coe e adicione o restante dos ingredientes. Misture e bata até obter uma textura de chantili.

MONTAGEM
Esvazie levemente a casca do merengue e preencha com o recheio de abacaxi. Coloque o chantili de melissa e a meia-esfera de abacaxi por cima. Decore com as lâminas de merengue.

Babás com infusão de frutas cítricas e capim-limão

INFUSÃO • 125 g de **água** • 100 g de **suco de laranja** • 30 g de **suco de limão-taiti** • 80 g de **mel** • ½ ramo de **verbena** • ½ ramo de **melissa** • 25 g de **gengibre ralado** • 1 ramo de **capim-limão**

QUINCÃ CONFITADA • 125 g de **quincã** • 300 g de **suco de laranja** • 150 g de **mel**

ÓLEO DE MELISSA • 1 ramo de **melissa fresco** • 100 g de **óleo neutro**

BABÁS • 8 g de **fermento fresco** • 9 g de **água** • 6 g de **mel** • 180 g de **farinha de trigo T80** • 60 g de **margarina** • 1 g de **sal** • 4 **ovos**

CREME DE COCO BATIDO • 150 g de **creme de coco** • 15 g de **mel**

INFUSÃO

Aqueça todos os líquidos com o mel e, em seguida, adicione as ervas e o gengibre. Deixe em infusão por 1 hora e, em seguida, coe em uma peneira fina. Reserve em um local fresco. Desidrate as ervas e os temperos em um desidratador ou no forno a 40 °C. Misture e reserve para a decoração.

QUINCÃ CONFITADA

Corte as quincãs em tiras e cozinhe delicadamente com o suco de laranja e o mel.

ÓLEO DE MELISSA

Coloque a melissa em uma panela grande com água fria e deixe ferver. Escorra e misture com o óleo. Coe e guarde em uma pipeta.

BABÁS

Misture o fermento, a água e o mel na tigela de uma batedeira. Acrescente a farinha, a margarina, o sal e ⅔ dos ovos. Sove na batedeira na primeira velocidade até que a massa fique lisa e brilhante e se solte da tigela. Acrescente o restante dos ovos e sove até que a massa fique elástica e se solte da tigela. Unte levemente as fôrmas e as preencha em ⅔ com a massa. Deixe crescer por cerca de 35 minutos em temperatura ambiente e, em seguida, asse por 15 a 25 minutos a 180 °C, dependendo do tamanho das fôrmas. Desenforme e deixe de molho na infusão a 60 °C.

CREME DE COCO BATIDO

Misture o mel com o creme de coco e, em seguida, bata a mistura até que adquira a textura de chantili.

MONTAGEM

Coloque as babás em uma tigela, com as fatias de quincã confitada por cima, envolva as babás no creme e despeje em volta a infusão quente ou fria. Finalize com algumas gotas óleo de melissa.

Velouté de castanhas, peras e baunilha

VELOUTÉ • 125 g de **castanha-portuguesa inteira** • 12,5 g de **mel** • 125 g de **leite de amêndoa** • 125 g de **purê de pera** • 125 g de **água** • 1 **fava de baunilha** • 10 g de **gengibre fresco ralado**

GAVOTTE DE LINHAÇA • 10 g de **mistura de semente de linhaça** • 15 g de **água fervente** (1) • 10 g de **farinha de trigo-sarraceno** • 10 g de **margarina** • 15 g de **água fria** (2) • 10 g de **flor de sal** • 80 g de **açúcar mascavo**

PERA CARAMELIZADA • 1 **pera fresca** • 10 g de **azeite de oliva** • **xarope de bordo** a gosto

GELATINA VEGETAL • 100 g de **água** • 10 g de **açúcar demerara** • 3 g de **ágar-ágar**

CHANTILI DE MELISSA • 200 g de **creme de leite fresco** (1) • 15 g de **mel** • 5 g de **melissa** • 200 g de **creme de leite fresco** (2)

VELOUTÉ

Bata no liquidificador as castanhas, o mel, o leite de amêndoa, o purê de pera (aproveite as sobras da pera caramelizada) e a água.
Aqueça levemente para reduzir a mistura a uma consistência homogênea. Acrescente a baunilha e o gengibre ralado.

GAVOTTE DE LINHAÇA

Bata as sementes de linhaça no liquidificador e escalde com a água (1). Peneire a farinha de trigo-sarraceno. Em uma panela, leve a margarina, a água (2), a flor de sal e o açúcar mascavo para ferver. Despeje sobre a farinha e a linhaça hidratada. Misture até a massa ficar homogênea. Despeje em uma assadeira antiaderente e leve ao forno a 170 °C por 24 minutos. Quando tirar do forno, corte e dobre e deixe endurecer. Reserve em um local seco.

PERA CARAMELIZADA

Descasque as peras e faça bolas. Reserve as sobras para o velouté. Coloque as bolas em uma frigideira com um pouco de azeite de oliva e doure-as dos dois lados. Não cozinhe demais para preservar a firmeza e a crocância. Disponha-as em uma assadeira e pincele-as com o xarope de bordo para dar brilho.

GELATINA VEGETAL

Modo de preparo na p. 242.

CHANTILI DE MELISSA

Modo de preparo na p. 242.

MONTAGEM

Despeje o velouté em uma tigela, aquecida a no máximo 60 °C, e adicione as bolas de pera. Decore com uma gavotte grande e dobrada.

Bouillon de framboesa, ruibarbo, hibisco e verbena

ÁGUA DE FRAMBOESA • 400 g de **framboesa fresca** • 10 g de **açúcar mascavo** • ½ **canela em pau**

BOUILLON • 200 g de **água de framboesa** • 100 g de **leite de coco** • 1 g de **hibisco** • 5 g de **verbena-limão fresca**

RUIBARBO POCHÊ • 400 g de **ruibarbo** • 10 g de **água de framboesa**

CHANTILI DE VERBENA • 150 g de **creme de leite com 35% de gordura** • 15 g de **mel** • 5 g de **verbena seca**

ÁGUA DE FRAMBOESA

Misture todos os ingredientes em uma tigela grande e aqueça em banho-maria em fogo baixo, tampada, por 30 minutos. Coe para reservar apenas o líquido. Coloque o resíduo das framboesas em um desidratador para fazer um pó.

BOUILLON

Aqueça a água e o leite de coco a 50 °C e, em seguida, faça a infusão de todos os ingredientes por 1 hora, fora do fogo. Coe e reserve na geladeira.

RUIBARBO POCHÊ

Descasque e corte o ruibarbo em pedaços. Aqueça a água de framboesa a 60 °C e adicione os pedaços de ruibarbo até que a textura derreta. Escorra e deixe esfriar antes de servir.

CHANTILI DE VERBENA

Coloque todos os ingredientes em uma tigela e bata com um fouet até obter uma textura de mousse.

MONTAGEM

Coloque uma colher generosa de chantili de verbena em uma tigela. Adicione 3 pedaços de ruibarbo pochê e uma framboesa cortada ao meio. Polvilhe com as framboesas desidratadas e despeje o caldo.

Bouillon de coco, galanga, gengibre e raviólis de abacaxi, limão e azeite de oliva

BOUILLON DE COCO E GALANGA • 100 g de **água** • 200 g de **leite de coco** • 20 g de **galanga** • 5 g de **gengibre** • 10 g de **suco de limão-taiti** • raspas de ½ **limão-taiti** • raspas de ¼ de **limão kaffir** • 0,4 g de **folha de limão kaffir** • 5 g de **capim-limão** • 3 g de **coentro tailandês** • 3 g de **manjericão tailandês** • 40 g de **mel** • 0,5 g de **pimenta dedo-de-moça**

BRUNOISE DE ABACAXI • 75 g de **abacaxi victoria** • raspas e suco de 2 **limões-taiti** • 15 g de **azeite de oliva** • 10 g de **coentro tailandês**

MASSA DE RAVIÓLI • 75 g de **tapioca** • 50 g de **farinha de trigo T65** • 75 g de **farinha de arroz comum** • 1 g de **sal fino** • 125 g de **água** • 5 g de **óleo neutro**

ÓLEO DE COENTRO • 10 g de **folha de coentro** • 30 g de **azeite de oliva**

BOUILLON DE COCO E GALANGA

Aqueça a água e o leite de coco a 50 °C. Adicione todos os ingredientes e deixe em infusão por 1 hora. Peneire e reduza até obter uma textura espessa.

BRUNOISE DE ABACAXI

Corte o abacaxi em cubos pequenos e misture com as raspas e o suco de limão, o coentro picado e o azeite de oliva. Reserve para rechear a massa de ravióli.

MASSA DE RAVIÓLI

Peneire e misture os ingredientes secos e adicione o sal. Ferva a água e, em seguida, despeje gradualmente sobre a mistura, finalizando com óleo. Forme uma massa e guarde-a na geladeira por 1 hora antes de usá-la. Forme bolinhas e, em seguida, estique-as até obter uma espessura fina. Recheie com a brunoise.

ÓLEO DE COENTRO

Misture o óleo com as folhas de coentro.

MONTAGEM

Coloque o ravióli de abacaxi na tigela. Despeje o caldo quente, polvilhe com sementes de gergelim e gotas óleo de coentro e decore com flores pequenas.

Índice de ingredientes

Índice de receitas

Receitas de base – Receitas clássicas – Receitas autorais

AGRADECIMENTOS

Há sempre algo de mágico em olhar para trás e ver os momentos e as pessoas que marcaram uma evolução.

Se eu fosse retomar o fio da meada da história, começaria agradecendo ao jornalista (cujo nome esqueci) que, em 2016, me ajudou a trazer à tona a visão de confeitaria saudável.

Depois, houve o maravilhoso encontro com **Nicole Couturier**, especialista em medicina chinesa, que me ofereceu uma orientação muito especial sobre o fabuloso mundo do Yin e do Yang. Passei muitas horas com ela estudando a abordagem dessa medicina antiga e poderosa e percebi que esse desvio seria uma longa jornada de aprendizado. OBRIGADA por ter me oferecido esse tempo e esse conhecimento preciosos.

Entre meus encontros mais agradáveis incluo também aqueles com **Adélaïde d'Aboville**, nutricionista e dietista, e **Caroline Gayet**, nutricionista e fitoterapeuta. Nossas conversas nos levaram a trabalhar juntas na criação de workshops sobre alimentação saudável e alimentação para a beleza. Mesmo que esse projeto não tenha sido concretizado por causa da covid-19, OBRIGADA por sua grande energia e por todas essas discussões fascinantes.

A jornada continuou com **Mélanie Frechon**. Ainda estudante, ela havia se inscrito para um estágio de seis meses no ateliê. Vi nessa jovem uma paixão pela dietética. Naquela época, seu consultório já estava em funcionamento e ela também ajudava esportistas com suas dietas. Quando surgiu o projeto do livro, pedi a ela que me acompanhasse nessa louca aventura. MUITO OBRIGADA pelas longas horas de trabalho e por sua capacidade de resposta sempre que precisei. Foi uma aventura que durou um ano, e você foi uma das pessoas mais comprometidas que já conheci.

Anne Serroy entrou em minha vida durante uma sessão de fotos para o livro *En cuisine avec Biscornu* (de Olivier Tran). No final da sessão, ela me fez a seguinte pergunta: "Você já pensou em escrever um livro?". Por acaso, alguns dias antes eu havia reunido minhas equipes para falar sobre esse novo projeto. Anne teve uma carreira incrível no setor editorial. Depois de mais de vinte anos na La Martinière publicando alguns dos maiores livros de confeitaria do mundo, ela se tornou uma diretora editorial independente. Um grande OBRIGADA por me acompanhar nessa jornada desde o primeiro dia. Desde a reunião na Flammarion, passando por todas as conversas sobre a escrita do livro, finalmente o temos em mãos.

Romain Roussel é uma das pessoas pelas quais me apaixonei no ateliê, onde ele apareceu um dia, do nada, para sugerir que trouxéssemos o projeto "La Ruche qui dit oui" a Neuilly. Foi então que descobri sua carreira na área editorial e sua criatividade sem limites. Pareceu-me óbvio envolvê-lo neste livro, para enriquecê-lo com suas ideias e dar a ele um ângulo didático e, às vezes, um pouco excêntrico. OBRIGADA por seu apoio, sua inestimável revisão e suas ideias pertinentes.

No ateliê, a empolgação dos primeiros testes de receitas ocorreu sob a orientação de **Thibault Lefebvre**, que liderou com energia esse processo. Centenas de testes depois, as primeiras receitas foram validadas. Um enorme OBRIGADA a você, Thibault, por abrir a mente, adaptar-se e buscar novos sabores e texturas sob novas restrições.

Também gostaria de estender meus sinceros agradecimentos às nossas jovens estrelas que estiveram nos cursos de treinamento ao longo de 2023, por sua participação muito ativa em testes e provas de ingredientes: **Marine Londero**, **Faustyne L'Hostis**, **Valentine Boitelle**, **Alberic Behagel**, **Chaîma Lemoine**, **Julie Agullo**, **Aliénor Cohet**, **Abi Despagne** e **Margot Billeau**.

Quero ainda fazer um agradecimento especial a **Katia Elmalek**, que me deu sua visão de confeitaria saudável e com baixo IG. Apaixonada por nutrição, ela compartilhou seu profundo conhecimento conosco.

O projeto inteiro não escapou aos olhos de **Jessica Da Silva**, minha fabulosa gerente de comunidade. Como de costume, ela capturou cada um desses momentos preciosos em fotos e vídeos. Um grande OBRIGADA por seu profissionalismo e pela qualidade de tudo o que você faz diariamente.

Algo de que me orgulho muito neste livro é o fato de ele ter reunido duas joias absolutamente essenciais. Trabalhamos juntos há anos e esta foi a chance de deixarmos registrado um trabalho coletivo muito bem-sucedido: um grande, enorme, gigantesco OBRIGADA a **Nicolas Bouriette**, fotógrafo sem igual, e a **Coralie Chaffanjon**, designer gráfica de primeira linha, por trabalharem na produção deste livro que desejei por muito tempo. Nicolas, a qualidade desta obra se deve muito a suas fotos magníficas, às imagens de todos os ângulos que você registrou dos ingredientes, aos momentos roubados da minha câmera e da oficina. Horas de filmagem, espera, retoques, idas e vindas de Paris a Biarritz... É isto, tudo está aqui, nada foi tocado!

Coralie, que trabalho magnífico! Você mergulhou nos textos com tanta precisão que foi capaz de reescrevê-los com uma visão simultaneamente pedagógica e elegante, em todas as páginas. O projeto gráfico do livro é um espetáculo. E enquanto felicito seus respectivos desempenhos, o que devo dizer sobre as qualidades humanas, o empenho inabalável e a energia positiva e imperturbável de vocês?

Um grande OBRIGADA a toda a equipe da **Flammarion**:

Ronite Tubiana, diretora editorial, e **Élise Bigot**, editora, que me apoiaram durante toda a produção do livro. Élise, você confiou em mim em todas as fases, com muita simpatia, e conseguiu trazer um olhar tão atento aos textos e à diagramação. Muito obrigada pelo apoio.

Finalmente, ao fim de um ano de trabalho, vejo o quanto tudo isso não teria sido possível sem a confiança e o apoio inabaláveis da pessoa que me acompanha diariamente em todos os meus projetos mais loucos. Um enorme OBRIGADA a você, **François Daubinet**, que me deu apoio, escuta e conselhos inestimáveis.

Em você e em nossas duas filhas, Lara e Hailie, encontrei a força necessária para levar este projeto até o fim.

E continua...